LUTE
contra os medos

SUPERE
as inseguranças

REAJA
e volte a ser feliz

LUTE
contra os medos

SUPERE
as inseguranças

REAJA
e volte a ser feliz

BLAKE D. BAUER

Tradução Débora Isidoro

astral
cultural

You Were Not Born to Suffer
Todos os direitos reservados.
Copyright © 2017 Blake D Bauer
Esta edição foi publicada pela primeira vez no Reino Unido e nos Estados Unidos em 2017 pela Watkins, uma impressão da Watkins Media Limited.
www.watkinspublishing.com
Tradução para Língua Portuguesa © 2022 Débora Isidoro
Todos os direitos reservados à Astral Cultural e protegidos pela Lei 9.610, de 19.2.1998. É proibida a reprodução total ou parcial sem a expressa anuência da editora.

Editora Natália Ortega
Produção editorial Esther Ferreira, Jaqueline Lopes, Renan Oliveira e Tâmizi Ribeiro
Capa Tâmizi Ribeiro
Foto do autor Arquivo pessoal
Preparação de texto Letícia Nakamura
Revisão de texto Alessandra Volkert e João Rodrigues

Dados Internacionais de Catalogação na Publicação (CIP)
Angélica Ilacqua CRB-8/7057

B34L
    Bauer, Blake D.
       Lute. Supere. Reaja. / Blake D. Bauer ; tradução de Débora Isidoro. — Bauru, SP : Astral Cultural, 2022.
       336 p.

       ISBN 978-65-5566-282-5
       Título original: You were not born to suffer

       1. Autoajuda I. Título II. Isidoro, Débora

22-5476   CDD 158.1

Índice para catálogo sistemático:
1. Autoajuda

BAURU
Av. Duque de Caxias, 11-70
8º andar
Vila Altinópolis
CEP 17012-151
Telefone: (14) 3879-3877

SÃO PAULO
Rua Major Quedinho, 111
Cj. 1910, 19º andar
Centro Histórico
CEP 01050-904
Telefone: (11) 3048-2900

E-mail: contato@astralcultural.com.br

A você, leitor.
Que você esteja com o coração
em paz, com saúde, feliz e livre.
Ao nosso mundo, que clama por
amor, bondade e compaixão.
Que aprendamos a amar nós mesmos,
uns aos outros e toda vida,
incondicionalmente.

Existem duas forças motivadoras básicas: o medo e o amor. Quando temos medo, nos afastamos da vida. Quando amamos, nos abrimos a tudo que a vida tem a oferecer com paixão, entusiasmo e aceitação. Precisamos aprender a nos amar primeiro, em toda a nossa glória e com todas as nossas imperfeições. Se não conseguirmos nos amar, não poderemos desenvolver totalmente a capacidade de amar os outros ou o potencial para criar. A evolução e todas as esperanças de um mundo melhor repousam na visão destemida e no coração aberto das pessoas que abraçam a vida.

— **John Lennon**

APRESENTAÇÃO

Este livro foi publicado pela primeira vez com meus próprios recursos em novembro de 2012, após o fracasso do contrato com uma das maiores editoras de desenvolvimento pessoal do mundo. Depois daquele choque inesperado, em sua primeira edição, *Lute. Supere. Reaja.* se tornou várias vezes o livro de desenvolvimento pessoal mais vendido na Austrália, onde morei por mais de seis anos.

Nesta edição nova e atualizada, você encontrará insights muito práticos que ajudaram milhares de pessoas em todo o mundo a melhorar de forma significativa a própria vida, tanto pessoal quanto profissional. Embora essa obra, obviamente não substitua tratamentos médicos, posso dizer com segurança que os pontos de vista e os exercícios deste livro ajudaram muitas pessoas que não conseguiram encontrar soluções eficazes a longo prazo na medicina convencional, na psiquiatria e na religião.

Estas páginas também comprovam que, se não deixar a rejeição e o medo lhe impedirem de ser fiel a si mesmo e de fazer o que ama, você encontrará a paz, a alegria e o autorrespeito que derivam de honrar seu propósito de vida.

Na minha experiência, quando encontramos a coragem para valorizar e seguir nosso coração, independentemente do que aconteça, atraímos o apoio necessário para viver uma vida definida pela verdade, pela bondade e pelo significado. O reconhecimento, a aprovação e a validação externa que buscamos são apenas um grito inconsciente para que reconheçamos plenamente nosso próprio valor e paremos de rejeitar nosso verdadeiro eu.

Felizmente, agora posso ver que minhas lutas pessoais têm um propósito maior. Uma parte muito significativa desse propósito tem sido compartilhar com as pessoas a essência do que aprendi com meu sofrimento, para que elas consigam aproveitar a vida o máximo que puderem antes de morrer, da mesma forma que pretendo fazer. Nossa existência é muito frágil, mas também somos muito mais fortes do que pensamos. E, por ser tão fácil não dar à vida o devido valor enquanto ela passa depressa, é importante saber que você é a única pessoa que pode permitir-se ser feliz e estar bem. Seu parceiro, seu cônjuge, seus pais, seus filhos, seu patrão, seu médico e seu líder religioso não podem e, provavelmente não vão, dar essa autorização. Ela é, na verdade, uma escolha diária que cada um de nós precisa fazer para superar o medo, a negatividade e a culpa.

Este livro vai ajudá-lo a fazer essa escolha.

Não acredite em nada. Não importa onde você leu, ou quem disse, mesmo que tenha sido eu, a menos que isso esteja de acordo com sua razão e seu bom senso.

— **Buda**

SUMÁRIO

Introdução 15

Capítulo 1 - A libertação 38
Capítulo 2 - Ressignificando o sofrimento 46
Capítulo 3 - A busca por amor 66
Capítulo 4- Egoísmo saudável 74
Capítulo 5 - Cure a culpa, a vergonha e a insegurança 84
Capítulo 6 - Valorize-se 92
Capítulo 7 - Seja você mesmo 100
Capítulo 8 - Expresse-se com clareza e gentileza 108
Capítulo 9 - Renda-se e supere qualquer dificuldade 118
Capítulo 10 - Autorrespeito profundo 128
Capítulo 11 - Ame e cure sua criança interior 138
Capítulo 12 - O ego não é seu inimigo 146
Capítulo 13 - Entenda seu propósito de vida 156
Capítulo 14 - Sinta-se em casa dentro de você mesmo 166
Capítulo 15 - Inspire a vida 174
Capítulo 16 - Amor-próprio incondicional 188
Capítulo 17 - Supere o autojulgamento e a rejeição 198
Capítulo 18 - Perdoe-se 206

Capítulo 19 - Transforme a raiva, a dor e o ódio   212
Capítulo 20 - Siga o seu coração   218
Capítulo 21 - Libere seu medo   230
Capítulo 22 - Autoestima, confiança e fé na vida   236
Capítulo 23 - Ame seu corpo, mas saiba
que você é muito mais   244
Capítulo 24 - Nutrição e estilo de vida   256
Capítulo 25 - Ame você mesmo
em um relacionamento   262
Capítulo 26 - Compromisso saudável
com você e com os outros   276
Capítulo 27 - No fim, todo amor é amor-próprio   282
Capítulo 28 - A chave para a gratidão   288
Capítulo 29 - Foque em sentir-se vivo e bem   296
Capítulo 30 - Riqueza interior e liberdade financeira   302
Capítulo 31 - Escolha a vulnerabilidade   316
Capítulo 32 - A questão final   322
Capítulo 33 - Antes de morrer, viva plenamente   326

Agradecimentos   334

Além das crenças de todas as religiões,
existe a verdade do espírito humano.
Além do poder das nações, existe o poder
do coração humano.
Além da mente comum, o poder da sabedoria,
do amor e da cura está em ação no universo.
Quando encontramos paz em nossos corações,
entramos em contato com esses poderes universais.
Esta é a nossa única esperança.

— **Tarthang Tulku, lama budista tibetano**

INTRODUÇÃO

Lute. Supere. Reaja. surgiu da minha procura pessoal e incansável por duas coisas principais na vida. A primeira era a busca pela libertação do meu sofrimento mental, emocional e físico. A segunda era o meu desejo insaciável para saber a verdade — a verdade sobre a vida, a verdade sobre mim mesmo e, mais importante, a verdade sobre o propósito da minha vida.

Quem sou eu? Por que estou aqui? Qual é o propósito da vida, e da minha vida em particular? Como posso me curar e encontrar paz mental, emocional e física? Onde consigo encontrar saúde, felicidade e amor verdadeiro? Como posso prosperar todos os dias e não apenas seguir em frente e sobreviver? Como posso criar uma vida gratificante, pela qual me respeite, sem vender minha alma ou me contentar com menos?

Depois de encontrar as respostas que eu procurava desesperadamente e ajudar milhares de pessoas ao redor do mundo a fazer o mesmo, os insights que tive, e que me deram força e confiança, formaram a base para as páginas a seguir.

...

Eu não tinha consciência disso na época, mas tive um grande sofrimento interno na juventude, principalmente mental e emocional, mas também físico, às vezes. Com minha infância, assim como aconteceu com muitas pessoas, veio uma carga de experiências dolorosas. Embora eu só tenha conseguido articular isso anos depois, cresci me sentindo muito inseguro e indigno de amor. Muitas vezes fiquei confuso, ansioso e envergonhado de como me sentia.

Em minhas tentativas de fugir tanto das lutas internas quanto das situações desafiadoras, criei involuntariamente muito sofrimento para mim mesmo. Além do impacto do tumultuado divórcio dos meus pais, da ausência do meu pai biológico, dos vários dependentes químicos da minha família e da extrema disfunção psicológica em que fui criado, desenvolvi uma série de hábitos nada saudáveis que causaram danos muito profundos em mim mesmo. Aos dezoito anos, meu mundo (já instável) estava desmoronando em um efeito dominó. Tinha sido suspenso do colégio em três ocasiões diferentes, estava vendendo entorpecentes e fora preso várias vezes por posse de drogas. Fui convidado a renunciar ao posto de capitão do time de futebol do colégio três jogos depois do início da temporada em que eu competiria como formando, pois fora preso por dirigir alcoolizado e sob a influência de várias substâncias ilegais. Depois de uma noite de muita festa, ao longa da madrugada, eu tinha estacionado o carro e dormido no volante diante da placa de parada obrigatória em frente aos trilhos do trem. Mais ou menos nessa mesma época, me afastei da minha namorada e não parava de tomar remédios sem necessidade, que não haviam sido prescritos. Mesmo amando e me importando muito com ela, eu a magoei sem querer e arruinei nosso relacionamento com meu comportamento autodestrutivo.

Na adolescência, era evidente que eu estava fora de controle. Sem perceber, usava as drogas, o álcool e até a comida como muletas para meu coração partido e confuso. Tinha desenvolvido um ego muito grande e nada saudável para sobreviver e compensar o sentimento de ser profundamente inadequado para o amor, e indigno dele. Queria muito ser aceito pelos meus pares, me encaixar e ser respeitado, porque no fundo eu não me amava, nem me sentia valorizado em casa. O resultado foi que criei muita dor, não apenas para mim, mas para todos ao meu redor. Eu não tinha ideia, nessa fase, de que estava fugindo de mim mesmo, da minha vida e do meu passado. Não sabia que estava negando anos de pensamentos e emoções internalizados, sobre os quais nunca me senti seguro para falar, e sem o apoio necessário para entendê-los.

Pouco antes de me formar no ensino médio, tinha partido meu coração e perdido as duas coisas mais importantes da minha vida na época: a garota que eu amava e a participação no time que eu amava. Naquele ponto do meu desenvolvimento pessoal, esses aspectos compunham a maior parte da minha identidade, ou do meu ego, e em um período muito curto tinha afastado involuntariamente os dois de mim. Mais tarde percebi que, com isso, tinha perdido minha noção de identidade, ou quem eu pensava que era. Eu não sabia disso na época, mas experimentara aquilo que a psicologia e a espiritualidade chamam de "morte do eu", em que a ideia ou a imagem de quem pensamos e acreditamos ser é completamente destruída.

Passei da extrema arrogância e da ideia de ser invencível a me sentir dolorosamente inseguro, paranoico, acanhado e ser torturado por meus pensamentos, o que na realidade sempre tinha acontecido atrás da fachada que criara instintivamente para sobreviver. Embora muito proposital no cenário geral, sabotar as partes da minha vida que eu mais amava e me ofereciam uma possibilidade de fuga daquela disfunção, que para mim era normal, me deixou muito sozinho, envergonhado e sem saber como pedir uma ajuda de que nem sabia que precisava.

Agora sei que, por mais difícil que tenha sido aquele período, hoje sou muito grato pelo o que experimentei, porque aquilo tudo desencadeou o nascimento do meu verdadeiro eu, bem como a descoberta do meu propósito de vida. Mostrou-me como encontrar a força, a confiança e a compaixão em mim mesmo, por mim mesmo, que viriam a ser meu único refúgio, minha salvação. Sem a dor que senti na infância com minha família e a dor adicional que criei na adolescência, eu não conseguiria olhar para trás, para essa parte da minha vida, com a profunda compreensão do seu propósito no desenrolar do meu destino. *Agora sei que tive que me perder completamente para me curar e me encontrar de verdade.* Quem me tornei para sobreviver teve que morrer para que minha verdadeira natureza pudesse florescer e me guiar em direção a uma vida de autoconhecimento, amor-próprio e autorrespeito profundos.

Depois do ensino médio, saí de casa para cursar a faculdade ainda carregando aquela dor psicológica e emocional, em grande parte inconsciente. Fui para a faculdade porque era isso que minha família e minha comunidade esperavam de mim. A maioria das pessoas que se formava no colégio onde estudei estava fazendo isso. Eu não tinha ideia de quem eu era ou do que queria fazer da minha vida àquela altura. Só segui o fluxo.

Comecei a ter aulas de negócios, finanças e publicidade, porque achava que queria ganhar muito dinheiro, pois o dinheiro parecia ser um aspecto muito importante da vida, senão o principal. Minha família e a comunidade em que cresci eram muito focadas em dinheiro e riqueza material. Na infância, eu também tinha visto meus pais e muitos parentes passarem por dificuldades financeiras e oscilações extremas no quesito dinheiro. Tinha visto minha mãe lutar sozinha depois de se divorciar do meu pai biológico, o que contribuiu para que eu desenvolvesse um desejo excessivo por liberdade financeira. Como muita gente, acreditava que só o dinheiro significava sucesso, autoestima e felicidade. Não demorou muito, no entanto, para que eu percebesse que, além das minhas necessidades de sobrevivência física, minha motivação era, em última instância, vazia e sem sentido, e que, por trás das minhas circunstâncias e dos meus objetivos de vida aparentemente "normais", eu estava perdido e sofrendo muito. Consegui ver como minha obsessão por riqueza mascarava a falta de conexão emocional e de autoestima que senti na infância e na adolescência. Na época, eu acreditava que ganhar dinheiro preencheria o vazio e curaria minha dor, o que obviamente nunca aconteceria.

Depois de dois anos acordando todas as manhãs torturado por pensamentos ansiosos, finalmente encontrei coragem para desistir do curso, enfrentar o desconhecido e seguir o que se tornou um desejo absoluto de me curar em todos os níveis. No fundo, eu sabia que a vida não deveria ser tão vazia, isolada ou dolorosa quanto era a minha. Sabia que tinha que haver uma saída do sofrimento e da confusão para um estado de clareza e alegria. Ao mesmo tempo, também sabia que havia um propósito para minha vida e que, se não desistisse dessa busca, eu o encontraria. De alguma forma, tinha certeza de que poderia criar uma vida apaixonada e gratificante, com a qual estivesse em paz, com saúde e feliz, engajado em um trabalho que fosse autêntico e significativo.

Minha busca por verdade, cura e clareza me levou a cinco universidades e várias instituições alternativas de ensino. Continuei estudando com professores espirituais, psicoterapeutas, fitoterapeutas e curadores tradicionais. Fiz cursos em duas escolas diferentes de acupuntura e medicina oriental enquanto trabalhava com e para um grupo de médicos chineses. Também visitei curandeiros e terapeutas alternativos para que me ajudassem a transformar em mim coisas que eu lutava para processar sozinho. Participei de treinamentos, palestras, workshops e retiros focados em técnicas holísticas de cura e em disciplinas espirituais. Estudei e pratiquei intensamente várias formas de meditação, *qigong*, ioga e tai chi todos os dias durante anos.

Como muitos dos que estão lendo este livro, senti uma necessidade passional de entender minha vida e a mim mesmo. Li livros sobre saúde, espiritualidade, religião, Deus, filosofia, psicologia, biologia, física, iluminação, evolução da consciência, nutrição e medicinas alternativas, um atrás do outro. Tudo que eu queria era me libertar do sofrimento mental, emocional e físico e encontrar um propósito claro em minha vida.

Ao longo desses anos, depois que decidi abandonar uma carreira e uma vida "convencionais", me afastei cada vez mais do mundo exterior para mais fundo dentro de mim.

Como um animal ferido com uma profunda necessidade de cura, isolei-me de amigos e familiares. Estava tão desesperado por alívio, que não queria me distrair ou entorpecer minha mente. Além de ir trabalhar, vivia como um monge e me concentrava horas a fio todos os dias nas diversas práticas de autoconsciência e de autocura que havia estudado e aprendido. A busca por verdade, liberdade e clareza de propósito tornou-se o foco do meu tempo e da minha energia.

Depois de uns seis anos me concentrando apenas nessas atividades, felizmente encontrei clareza e paz dentro de mim. Estudando com afinco medicina natural, psicologia, modalidades alternativas de cura e práticas espirituais, aprendi muito sobre como me curar e criar uma vida saudável, feliz e autêntica. Com o tempo, percebi que tudo que aprendi em minha busca egoísta por bem-estar, propósito e liberdade tinha me dado insights muito práticos sobre como eu poderia ajudar os outros. Descobri que, à medida que encontrava em mim níveis mais profundos de paz, saúde, alegria e paixão, me sentia naturalmente inspirado a ajudar outras pessoas a encontrar e criar tudo isso para elas mesmas. Na verdade, nada me motivava mais do que me conectar com outro ser humano de coração aberto e honesto, com uma intenção sincera de ajudar.

Com o passar do tempo, encontrei um propósito muito profundo em apoiar os outros na criação de uma qualidade de vida melhor. Na maior parte do tempo, sentia ter encontrado minha vocação. Ao mesmo tempo, porém, no fundo, eu ainda não me sentia tão esclarecido ou motivado como gostaria de estar. Para mim, ainda havia muitas coisas em meu destino de que não tinha consciência. Em certo momento do sofrimento e do despertar que vivi, tive certeza de que um dia descobriria a verdadeira razão por que nasci e por que estou neste planeta. Eu sabia, àquela altura, que ainda não tinha entendido totalmente o que era aquilo, mas também sabia que acabaria encontrando esse objetivo único para o qual nasci e ao qual dedicaria minha vida sem nenhuma dúvida e sem qualquer direcionamento externo.

Sou muito grato por poder dizer que a mensagem neste livro é a descoberta daquilo que procurava.

No final de 2008, eu morava em Boulder, no estado do Colorado, Estados Unidos, onde tinha aberto uma clínica de aconselhamento, *coaching* e medicina alternativa, à qual me dedicava em tempo integral.

Mais ou menos nessa mesma época, por meio de vários eventos simultâneos, decidi participar de um seminário na Austrália. Era um treinamento profissional em forma de medicina alternativa e cinesiológica. Apesar de nunca ter me interessado em viajar para a Austrália, de repente senti uma forte urgência de voar para o outro lado do mundo. Eu estava interessado nas técnicas que seriam ensinadas e, claro, no homem que as ensinaria, mas sentia que o treinamento não era o principal motivo da minha participação.

Essa viagem imprevista acabou sendo transformadora de muitas maneiras. Mas a mais significativa das experiências que tive foi o grande catalisador para este livro. Conheci uma linda mulher que se tornou minha melhor amiga e parceira por muitos anos. Compartilho isso porque aquele relacionamento abriu meu coração para o amor de uma forma que as palavras nunca poderiam expressar com precisão.

No passado, depois de ter machucado a mim mesmo e uma pessoa que eu amava profundamente — além das formas dolorosas de amor que vivera quando criança —, sem saber, fiquei com medo de amar de novo. Não tinha consciência do quanto havia me fechado aos aspectos mais vulneráveis da verdadeira intimidade. Aquele novo relacionamento não só me ajudou a perceber isso, como me ajudou a abrir o coração de uma maneira que eu não teria conseguido sozinho, o que me levou à clareza de propósito de vida que procurava.

A imediata profundidade, a pureza e o poder do nosso amor me mostraram a fonte infinita de amor incondicional dentro de mim, que percebi ser minha natureza mais profunda. Pude ver com muita nitidez como ela havia sido encoberta pelos anos de dor emocional acumulada e pelo pensamento limitante que tinha adotado para me proteger e sobreviver, tudo isso por ter rejeitado meu verdadeiro eu.

Nos primeiros dias daquele novo relacionamento, as seguintes palavras ecoaram do nada em minha mente, como se fossem ditas por Deus: "Quando me amo incondicionalmente, amar o outro se torna um ato de amor-próprio". Mesmo sem ter ideia de para onde essas palavras me levariam, peguei uma caneta e as escrevi, porque o poder e o significado delas me impactaram profundamente. Alguns dias depois, no avião, voltando da Austrália para os Estados Unidos, abri o diário no qual havia escrito aquelas palavras e comecei a escrever a semente deste livro. Ainda não tinha me dado conta de que grande parte do meu propósito na vida era escrever um livro que explicasse de maneira lógica como nos amarmos e sermos fiéis a nós mesmos é o caminho mais eficaz para uma boa saúde mental, emocional e física, e depois compartilhar essa mensagem empoderadora. Só comecei a escrever.

No entanto, novamente em Boulder, não muito tempo depois do meu retorno, ficou claro para mim que, ao longo de toda a minha jornada educacional, espiritual e de cura, eu estava simplesmente aprendendo a me amar. Pude ver como meu sofrimento fora causado por eu nunca ter aprendido a me relacionar comigo mesmo com bondade, aceitação, respeito e honestidade.

Mesmo tendo frequentado cinco universidades de muito prestígio, estudado com professores altamente respeitáveis e passado anos em profunda meditação, eu só estava procurando amor, e não entendia que era esse amor que procurava. Foi quando percebi que tinha que escrever um livro focado em cultivar a aceitação, a bondade e a compaixão por nós mesmos como uma via direta para a cura, a felicidade e a paz. Tendo sofrido e procurado tanto por esse conhecimento interior, pela clareza e liberdade que eu sabia serem possíveis, quando eles finalmente vieram à tona, soube sem nenhuma dúvida que escrever esta obra e compartilhar essa mensagem era o meu destino.

Os insights que comecei a ter sobre amar-se incondicionalmente para transformar o sofrimento, a depressão e outros problemas pareciam ser a última peça do quebra-cabeça que eu vinha montando durante anos. Pude ver que, em minha busca incansável por verdade, cura e clareza de propósito, eu estava apenas aprendendo a valorizar, aceitar, perdoar, honrar, confiar, acreditar, cuidar e ser fiel a mim mesmo. Ficou claro que escrever este livro seria a maneira mais eficaz de capacitar o maior número de pessoas para amar, ajudar e curar elas mesmas.

Até esse ponto em particular, muitas vezes me senti como se estivesse preso em um labirinto grande e confuso, cuja saída eu lutava o tempo todo para encontrar. Sabia que havia uma saída da frustração e da confusão, que representavam a vida naquele "labirinto", mas não importava para onde eu fosse ou o que fizesse, nunca encontrava liberdade completa e duradoura. O que ficou claro para mim quando, enfim, encontrei a resposta que estava procurando, foi que ela estava dentro de mim o tempo todo. Como a maioria das pessoas, acreditava que essa "coisa" que eu procurava estava fora de mim, em algum lugar no mundo, quando, na verdade, as respostas e meu verdadeiro propósito estiveram sempre dentro de mim, esperando apenas serem descobertos e trazidos à tona.

Felizmente, entendi que a única saída desse labirinto confuso que chamamos de vida é mergulhar ainda mais fundo em nós mesmos. Embora eu já tivesse ouvido isso antes, foi nesse ponto que percebi com todo meu coração que a única saída é a entrada. Como uma fechadura que destrava e permite que as comportas se abram, de repente me senti completamente alinhado com a vida, como se todo o universo se derramasse através de mim, iluminando o caminho para a liberdade duradoura. Como o pássaro que insiste em voar contra uma janela e se machuca por não ver o vidro, eu tinha criado uma quantidade imensa de dor e decepção, porque insistira em procurar fora algo que só podia ser encontrado nas profundezas do meu coração e da minha alma. Mas acabei percebendo que a paz duradoura, a felicidade, a realização, o valor e o autorrespeito jamais poderiam ser encontrados em outras pessoas ou em outros lugares — e definitivamente não nas "coisas" do mundo.

Como a maioria faz sem perceber, vivi toda a minha vida como um cachorrinho que persegue o próprio rabo. Eu estava sempre procurando o amor, quando na verdade eu era o próprio amor. Por não encontrar o que procurava no exterior e sempre voltar a mim mesmo, percebi que tinha me tornado organicamente aquilo que procurava. Ao despertar para essa verdade, entendi que o caminho para encontrar a fonte do amor dentro de nós, que também é o caminho para incorporar o amor que somos, requer que respondamos ao chamado evolutivo para aprender a nos amar incondicionalmente, porque essa é a única maneira de amar de verdade os outros, encontrar a paz, estar bem e fazer nossa parte para tornar este mundo um lugar melhor.

Com essa percepção dominando minha consciência, sentei para escrever como as pessoas poderiam amar a si mesmas de forma prática e eficaz. Depois de ter estudado os mapas e as teorias e, o mais importante, de ter passado eu mesmo dessa região de sofrimento e tormento para uma libertação e paz significativas, queria delinear um mapa mais preciso e universal para quem realmente quer ser saudável, feliz e livre. Sei o quanto pode ser difícil explicar com palavras a profundidade de seus sentimentos, ou o quanto você deseja ser compreendido e valorizado. E porque senti na pele como essa busca pode ser dolorosa, solitária e desesperada, quero que você saiba que não está sozinho e que há uma solução para seus problemas.

Nas páginas a seguir, compartilho tudo o que aprendi com meu sofrimento e minha cura, bem como com meu sucesso profissional, ajudando milhares de pessoas ao redor do mundo. Esta abordagem se mostrou eficiente para muitas pessoas que não conseguiam encontrar soluções práticas em longo prazo na medicina convencional, na psiquiatria ou na religião. No fim das contas, nenhum profissional pode fazer o que você deve fazer por si mesmo em termos de se entender com sua vida e seu passado. Alguém pode cuidar de você, orientá-lo e permanecer disponível enquanto processa sua dor e enfrenta seus medos, mas nenhuma pílula ou pessoa pode "consertá-lo". É você quem vai se curar e aprender a cuidar de si mesmo com o tempo.

A lógica centrada no coração ao longo deste livro o inspirará a superar seus medos para que você possa finalmente se libertar e aproveitar a vida. Se estiver disposto a assumir toda a responsabilidade e abdicar de toda culpa, não há nada que você não possa curar, transformar ou alcançar. Com a intenção de nos ensinar a viver plenamente antes que deixemos nosso corpo, este livro não faz rodeios. Ele foi escrito para guiá-lo através de um processo interno que vai mudar sua vida para melhor.

Entre o texto e os exercícios, cada capítulo é projetado para criar caminhos neurológicos e energéticos saudáveis na mente e no corpo, para que seus pensamentos, suas palavras e suas ações possam levá-lo a valorizar-se em cada momento e situação. Como você vai ver e sentir sua vida daqui a um mês, um ano ou uma década vai depender da profundidade com que se permite estar bem e feliz. Adoro o velho ditado que diz: "Se você der um peixe a um homem (ou a uma mulher), ele vai ter comida para um dia, mas, se você o ensinar a pescar, vai ter comida para toda a vida". *Lute. Supere. Reaja.* é um guia sobre como "pescar" com eficiência para poder encontrar exatamente aquilo que você quer e do que precisa.

As perguntas mais difíceis agora são: "O que vai ser necessário para você dizer que já sofreu o suficiente? Onde você coloca o limite e diz que, a partir daqui, chega de infelicidade, de doença e de acomodação? Se ainda não estiver lidando com esses desafios, vai precisar enfrentar uma doença que envolva risco de morte ou a destruição de seus relacionamentos? Se você se entorpece com álcool, antidepressivos, drogas, comida, trabalho ou bens materiais, é isso realmente o que quer para sua vida? Se tem filhos ou quer ter filhos, é esse o exemplo que pretende dar a eles? O que definirá o momento em que você vai afirmar com toda confiança que é hora de se valorizar e parar de viver uma mentira? Quando vai parar de agradar a todo mundo, de se sentir culpado por suas emoções, de se culpar, de ficar se desculpando e de se julgar por querer ser saudável e feliz? Quando dizer 'chega' é realmente dizer 'chega'? E, se não agora, quando"?

Acredito que todos viemos a este mundo sabendo que não nascemos para sofrer. Embora esqueçamos muito rápido, no fundo sabemos que a vida deve ser vivida e desfrutada com propósito, consciência, respeito e com uma conexão gentil e significativa. Sim, a vida sempre vai propor desafios, mas a forma como escolhemos enfrentá-los é que determina a qualidade da nossa vida, da nossa saúde, do nosso trabalho e dos nossos relacionamentos. A forma como vemos nossas lutas mentais, emocionais e físicas nos leva à liberdade, à felicidade e à paz, ou a mais depressão, ansiedade, solidão, insegurança e arrependimento. Felizmente, a cada momento e a cada dia, temos uma escolha.

Lembramos que somos capazes de criar uma vida autêntica que amamos? Lembramos que merecemos ser tratados com bondade e respeito, primeiro por nós mesmos e depois pelos outros? Ou nos contentamos com uma vida pela metade? Fazemos concessões e abandonamos nossa vocação? Traímos nossos verdadeiros sentimentos e permitimos constantemente que outras pessoas nos desonrem, explorem e desrespeitem?

Olhando para essa escolha de maneira objetiva, não parece muito uma escolha. Eu apostaria minha vida que todo mundo que lê isso escolheria a primeira opção e não abriria mão dela se soubesse que tudo daria certo ao longo do caminho. Infelizmente, a maioria de nós ainda não se valoriza o suficiente para reivindicar a alta qualidade de vida que nos espera. Não cultivamos uma fé ou uma confiança forte o suficiente em nós, na vida e no universo para sermos nós mesmos de todo coração e procurar aquilo que queremos e amamos. O resultado disso é que a maioria de nós se contenta com menos do que merecemos e podemos, e sofremos por isso. Mas a vida não precisa ser assim.

> Você pode procurar em todo o universo alguém que seja mais merecedor de seu amor e de seu carinho do que você mesmo, e não vai encontrar essa pessoa em lugar nenhum. Você, você mesmo, tanto quanto qualquer pessoa em todo o universo, merece seu amor e seu carinho.
> — Buda

Sanidade funcional

Como uma introdução para o restante deste livro, é importante saber que somos todos um pouco loucos, no sentido de que, quando somos honestos conosco, não podemos negar as vozes em nossa cabeça e os incontáveis pensamentos que circulam em nossa mente. Passei a considerar a saúde mental e emocional em termos de sanidade funcional prática. Em outras palavras: podemos assumir a responsabilidade por nossa vida de uma forma que não prejudique a nós mesmos, outras pessoas ou a Terra enquanto fazemos o melhor que podemos para estarmos bem e sermos felizes?

Na minha experiência, que com certeza é semelhante à sua, não existe essa coisa de "normal". Embora seja muito comum pensar "ele ou ela é normal, mas eu não sou", ou "a família deles é normal" ou "por que não posso ser normal?", no fundo todos sabemos que a vida real é mais estranha que a ficção. Talvez a razão para nunca conseguirmos ser "normais" é que a normalidade não existe. É como tentar encontrar uma cidade em um mapa, só que essa cidade nunca existiu. Ser normal é, acima de tudo, ser aceito socialmente, ou seja, evitar o julgamento de outras pessoas. Claro que ninguém quer ser criticado, mas em algum momento temos que escolher entre nos rejeitar em troca da aprovação dos outros e correr o risco de sermos honestos a respeito de nossos pensamentos e sentimentos, independentemente das consequências.

Com o tempo, você vai perceber que a dor de se rejeitar é muito maior que a de ser rejeitado por outras pessoas ou julgado por elas. Então, se ser normal ou socialmente aceito significa que você não fala nem age com base no que pensa e sente de verdade, você vai estar sempre infeliz. Com isso, nos deparamos com as seguintes perguntas: "Você quer ser feliz ou socialmente aceito"? "Você quer encontrar paz e satisfação ou prefere apenas se encaixar"? "Você quer aproveitar sua vida, seu trabalho, seu corpo e seus relacionamentos, ou prefere ser controlado pelas opiniões, pelos julgamentos e pelas críticas dos outros"?

Uma lição que me ajudou muito na busca da felicidade, e fortaleceu minha capacidade de simplesmente ser eu mesmo, além da busca por amor, aprovação e aceitação de outras pessoas, foi entender que não sou apenas meus pensamentos e as vozes em minha cabeça. Através da meditação, da autorreflexão e da cura de emoções internalizadas do passado, descobri que quem eu sou é muito maior que minha mente pensante e as conversas que tenho comigo regularmente. Além disso, descobri que a maior parte dos pensamentos confusos e contraditórios era resultado de emoções reprimidas borbulhando como pensamentos. Pensar tornou-se então um vício, bem como um meio de escapar do sentimento.

A primeira vez que percebi que não estava feliz, eu me via em todos os meus pensamentos, que na maioria das vezes estavam ligados ao medo, à ansiedade e à insegurança. Eu acreditava que o diálogo em minha mente era "eu", porque nunca tinha aprendido que quem sou de verdade é mais precisamente a atenção, a consciência, a inteligência e a energia por trás dos meus pensamentos, que envolvem todas as minhas ideias e as geram para meu crescimento e minha cura, e para que, em algum momento, eu desfrute da vida.

Antes de perceber isso, eu não tinha espaço na mente e no coração, porque meu corpo estava cheio de emoções internalizadas do passado, bem como de crenças limitantes que herdei de meus pais, da escola e da sociedade. Hoje sei que sem espaço não pode haver felicidade, e por isso eu era infeliz quando me apegava aos meus pensamentos. Como você, aprendi a conferir meu poder, minha felicidade e minha noção de identidade aos meus pensamentos, o que me tornou vítima das conversas na minha cabeça, que na maioria das vezes estavam completamente fora de controle, muito negativas e causando estresse. Felizmente, há um caminho para a liberdade. Existe uma forma de sanidade funcional que se baseia na compreensão e na aceitação saudáveis de seus pensamentos.

Você, o amor-próprio e a paz mundial

Tenho certeza de que você já percebeu que a maioria das pessoas nunca aprende a se relacionar com elas mesmas com aceitação, bondade e compaixão. A maioria nem sabe que é possível amar a si mesmo de maneira saudável e consciente, muito menos o que fazer isso diariamente significaria.

Cada vez mais pessoas sabem que precisam se amar, mas não sabem como fazer isso na prática. Nos primeiros anos de vida, poucos tiveram por perto pessoas que encarnavam um exemplo saudável do que significa viver e agir no mundo a partir do amor-próprio incondicional. Hoje, a maioria está tão acostumada com as vozes negativas na própria cabeça que se identifica com pensamentos de crítica, julgamento e inadequação. Nunca aprende quanta liberdade e paz é possível ter além dessa maneira limitada e doentia de ser.

Por gerações e no mundo todo, o amor-próprio foi julgado como algo negativo e egoísta, principalmente porque poucas pessoas entendem de verdade o que ele significa ou por que é algo tão importante de se dominar. Não podemos culpar ninguém pela má reputação do amor-próprio, porque a maioria das pessoas não sabe o que está fazendo. Se soubessem, primeiro se amariam incondicionalmente e, segundo, sempre incentivariam os outros a fazer o mesmo.

A verdade suprema por trás de nossos julgamentos coletivos e da resistência em cuidar de nós mesmos com todo o coração é que estamos apenas nos protegendo da dor emocional. Mais especificamente, todos temermos aquilo que não amamos em nós mesmos, em nossa vida e em nosso passado, porque temos medo de sentir a dor que nós mesmos criamos ou permitimos que se criasse quando nos relacionamos conosco de maneira autodestrutiva ao longo da vida. A relação doentia que a maioria tem com elas mesmas, com os próprios pensamentos, as emoções e os comportamentos é a única dinâmica que mantém viva essa guerra interna, nos fazendo sentir constantemente feridos, irritados, impotentes, ansiosos, culpados, envergonhados, estressados, indispostos e insatisfeitos. No fundo, sabemos que não nos tratamos com a compreensão, a honestidade e o respeito que desejamos e merecemos, mas, como as implicações de mudar isso parecem esmagadoras, só negamos ou usamos uma máscara a cada dia.

Se, em algum momento, a pessoa não desenvolve um relacionamento com ela mesma baseado em compreensão, aceitação e bondade, não é só impossível se sentir bem e aproveitar a vida, como também é impossível se relacionar com outras pessoas dessa maneira saudável. Por isso, é crucial que todos entendamos que nosso relacionamento com nós mesmos determina, em última análise, como nos relacionamos com todos e tudo ao nosso redor. Em termos simples, se julgamos, rejeitamos e criticamos a nós mesmos, trataremos os outros dessa mesma maneira prejudicial. Se esse relacionamento com nós mesmos é destrutivo, nosso relacionamento com outras pessoas também será.

A verdade libertadora que une todos os seres humanos é que todos lutam para se amar de maneira plena e incondicional. Não importa o tamanho do nosso ego, quanto somos arrogantes, quão bem-sucedidos somos ou quanto parecemos confiantes. Essa é a grande lição de vida com a qual todos temos que lidar. Você, eu, os homens e as mulheres à sua volta, onde quer que você esteja — seus familiares, seus amigos, seus vizinhos, seus colegas, seu chefe, seus funcionários, seus filhos e, é claro, seus pais e os pais deles também, todos lutam, ou lutaram, para se tratarem com amor, bondade e aceitação. É assim que tem sido por gerações. Mas hoje vivemos em uma época em que mais pessoas estão despertando e percebendo sua avidez por um novo jeito de viver. Todas as pessoas estão prontas para novas formas de se relacionar com si mesmas, umas com as outras e com o mundo, com base no amor, na bondade e na compaixão, em oposição à agressão. Muitas pessoas estão doentes, infelizes, derrotadas e exaustas de viverem em um mundo tão frio e alheio.

A boa notícia é que aprender a amar a nós mesmos incondicionalmente não é apenas possível, é também uma progressão natural e necessária tanto na evolução biológica e genética da humanidade quanto na evolução da consciência humana. Isso significa que a vida, a natureza e todo o universo estão colaborando conosco e nos guiando para nada menos do que a lição mais negligenciada e importante da vida.

Se não temos amor e respeito por quem somos hoje, se não perdoamos e aceitamos nosso passado e não nos valorizamos em todas as situações, é impossível estarmos em paz. Só quando escolhemos nos relacionar com nós mesmos com bondade, honestidade e respeito todos os dias podemos enfim encontrar a paz interior duradoura que desejamos. Então, quando se trata de nosso destino coletivo como uma família humana capaz de criar a paz neste planeta, em algum momento fica claro que encontrar equilíbrio e harmonia na própria vida é impossível se nos relacionamos com nós mesmos com medo, agressividade e crítica. Se não vivermos e agirmos com verdade e autocompaixão, continuaremos vivendo e agindo de maneiras que não só destroem nossa vida, como também prejudicam o mundo ao nosso redor. Por isso, é crucial compreender que a paz mundial só pode ser criada por indivíduos que valorizam a paz interior, a compreensão compassiva, o respeito mútuo e a bondade amorosa acima de tudo. Se tentarmos mudar o mundo e as outras pessoas de um jeito agressivo, sem transformar nossa própria raiva, nossa mágoa, nosso julgamento e nossos hábitos de negação, nenhum esforço, nenhuma força e nenhuma guerra trará as mudanças duradouras de que nosso mundo precisa.

> Não há dificuldade que o amor não vença. Não há doença que o amor não cure. Nenhuma porta que o amor não abra. Nenhum abismo que o amor não atravesse. Nenhuma parede que o amor não derrube. E nenhum pecado que o amor não redima. Não faz diferença quão profundamente o problema é arraigado. Quão desanimadora é a perspectiva. Quão emaranhado tudo parece. Quão grande é o erro. O amor vai dissolver isso tudo. E se você pudesse amar, seria a pessoa mais feliz e poderosa do mundo.
>
> — **Emmet Fox**

A palavra *Deus*

Usar a palavra *Deus* é um assunto muito delicado. É uma palavra que detém o poder de criação ou separação e guerra, ou unidade e paz. Por essa razão, acho importante esclarecer e definir o significado da palavra *Deus* e como ela é usada ao longo deste livro.

Escolhi usá-la em alguns momentos, porque essa palavra traz à tona de maneira muito eficaz nossos sentimentos e nossas crenças sobre a vida, a verdade e o amor. Enquanto estiver lendo, por favor, lembre-se de que respeito toda tradição religiosa e todo caminho espiritual. Em minha vida, descobri que (1) todo estudo religioso e espiritual acaba levando ao amor e à bondade em várias formas, e (2) as únicas barreiras entre um ser humano e outro são as emoções não curadas no coração e as crenças limitadoras na cabeça. Essas duas percepções moldaram e inspiraram grande parte deste livro.

Ao usar a palavra *Deus*, estou me referindo a tudo e a todos no universo, incluindo o espaço no qual não existem formas de vida física nem objetos físicos. Por essa definição, *Deus* é a inteligência, a consciência, a fonte, o amor e a energia atômica da qual toda a vida e todas as formas de matéria física do universo surgem. A partir dessa perspectiva, *Deus* existe em todas as pessoas, todas as coisas e todo o espaço, e dentro das pessoas, das coisas e do espaço. *Deus*, aqui, também representa o vasto mar de potencial, possibilidades e energia ilimitados para o qual toda a vida e todas as formas de matéria física retornam em algum momento.

Minha visão é de que não há nada nem ninguém que não seja *Deus*. Cada acontecimento, cada circunstância, cada lágrima, cada alegria, cada forma de vida e cada lição dolorosa é *Deus*. Com a intenção de ser prático, no entanto, em minha experiência, *Deus* é visto mais claramente por meio do amor incondicional, da bondade, da aceitação, do respeito, da compreensão e do perdão, tanto por nós mesmos quanto por outras pessoas.

Paradoxalmente, *Deus* também está sempre na dor, no desgosto, na depressão, na doença, na solidão e nos problemas de relacionamento, em que *ele* é mais difícil de ver. Embora as palavras sejam apenas palavras e sempre fiquem aquém da verdade concreta que tentam expressar,

Deus aqui se refere, em última análise, ao amor que, por meio de nossas dificuldades e lutas, clama para ser expresso mais plenamente no corpo, na mente, na vida, no trabalho de todo dia e no mundo.

> Descobri o paradoxo: se você ama até doer, não pode haver mais dor, apenas mais amor.
> — **Madre Teresa de Calcutá**

CAPÍTULO 1

A libertação

O nome grego para borboleta é *psique*, e a mesma palavra é usada para alma. Não há uma ilustração da imortalidade da alma tão impressionante e bela como uma borboleta, explodindo em asas brilhantes da tumba em que jazia, depois de uma existência monótona e rastejante de lagarta, voando na claridade do dia e se alimentando das flores mais perfumadas e delicadas da primavera. A *psique*, portanto, é a alma humana, purificada pelos sofrimentos e pelos infortúnios, e assim preparada para desfrutar da verdadeira e pura felicidade.

— **Thomas Bulfinch,**
O livro da mitologia: A Idade da Fábula, 1855

O ciclo de vida de uma borboleta é um exemplo perfeito encontrado na natureza do que significa libertar-se das limitações e dos medos que nos impedem de viver a vida mais autêntica, livre e alegre. A metamorfose da lagarta em borboleta demonstra os processos naturais de transformação interna e externa que todos nós vivenciamos. Em sua forma física, a borboleta simboliza a liberdade e a leveza disponíveis para cada um de nós. É por isso que ver uma borboleta nos faz despertar para a magia e o fascínio inerentes à vida. Sua graça e vulnerabilidade imediatamente nos levam além do pensamento, para o mistério de nossa própria existência.

A borboleta começa sua jornada como lagarta e pode ou não estar ciente do que está destinada a se tornar. Mas a lagarta vai vivendo, seguindo fielmente os estímulos que surgem dentro de seu ser. Ela sente seu caminho na vida, segue a orientação interior com a qual nasceu. A lagarta cumpre o que parece ser um plano interno, que de fora pode ser visto como a jornada da lagarta ao casulo e do casulo à borboleta. O sentimento e a atração pelo desconhecido devem ser muito claros e fortes para a lagarta, porque quando chega a hora de criar um casulo, ela cumpre seu propósito com foco e determinação.

A lagarta talvez sinta que não tem escolha, apenas que deve se render e seguir as forças da natureza e do universo na medida em que elas a impulsionam e guiam adiante, o que quer que traga essa jornada. Uma vez concluída a transformação, a borboleta luta com todas as suas forças para sair do casulo. No fim, ela deixa para trás aquela casca protetora que não serve para mais nada.

A nova existência da borboleta tem apenas uma leve semelhança com sua forma antiga. Ela não se reconhece mais. Seu passado foi deixado para trás, e a borboleta agora se sente como algo novo e transformado. Ela renasceu. E agora é livre.

Nossa própria jornada de vida também é assim. Como a jornada da lagarta no casulo e sua luta para sair dele como uma borboleta, em nossa trajetória em direção a uma vida mais livre e alegre também lutamos para viver de maneira graciosa e intencional, como uma expressão livre e plena de quem realmente somos. Todo mundo luta para se libertar do sofrimento e, assim, se desprender do casulo protetor para assumir a forma mais elevada da sua evolução e do seu potencial. Dentro de cada um, existe um plano interior que está sempre buscando a libertação e o entendimento no mistério da existência. Nós também temos essa orientação interior que nos impele, uma força no fundo da alma que nos impulsiona com confiança. Assim como a borboleta que luta para se libertar dos limites restritivos do casulo, em algum lugar lá no fundo, de algum jeito, sabemos e confiamos que nossos esforços vão acabar abrindo caminho para a riqueza, o fascínio e a beleza da vida mais livre e alegre.

Em última análise, a luta para se libertar completamente é a luta para se relacionar com você mesmo com bondade, honestidade e respeito em todos os momentos e todas as situações. Para isso, somos chamados a curar no presente a dor psicológica e emocional que foi internalizada. Precisamos enfrentar a tarefa de sair do casulo protetor que desenvolvemos ao longo do tempo — a casca psíquica que nos protegeu até que estivéssemos prontos para viver a vida de forma autêntica e aberta como uma expressão completa do verdadeiro eu.

Assim como acontece com a borboleta, o desenvolvimento do nosso casulo é natural e vital para a evolução da alma. O casulo é útil enquanto o indivíduo se cura e passa pelas transformações internas necessárias para ser e se aceitar plenamente. Em algum momento, no entanto, o casulo se torna limitador e pouco saudável. Passados os estágios iniciais em que crescemos dentro da segurança dessa "concha protetora", todos somos chamados a nos libertarmos dessa maneira restrita de estar no mundo, que já não serve mais. O tempo que essa libertação demora é algo que varia de pessoa para pessoa, como as flores de um mesmo galho, se abrem em momentos diferentes. E, quando isso acontece, nos deparamos com uma escolha que define nossa vida: entregarmo-nos e alinharmo-nos às forças da natureza e do universo que estão evoluindo dentro de nós, ou resistir a essa força evolutiva, permanecer em negação e, assim, nos abrirmos a mais luta e dor.

Uma história que li certa vez demonstra isso muito bem. É a história de uma mulher que levou para casa dois casulos de borboleta que estavam prestes a eclodir. A mulher queria ver as borboletas se libertando dos casulos.

Então, ela ficou observando ansiosa durante dias, esperando as borboletas. Com o passar do tempo, uma borboleta começou a abrir um pequeno buraco no casulo e, do ponto de vista da mulher, aquela primeira borboleta parecia travar uma luta dolorosa enquanto abria lentamente a abertura que havia criado. Uma vez livre, a borboleta ficou ali, sobre a mesa, exausta e incapaz de fazer qualquer coisa. No entanto, depois de um breve período, ela finalmente levantou voo e saiu por uma janela próxima, batendo as asas fortes e belas.

Depois de observar o processo desafiador que a primeira borboleta tinha enfrentado, a mulher sentiu-se inspirada a ajudar a segunda borboleta a se libertar do casulo para que ela não tivesse que lutar tanto como a primeira. Com boa intenção, a mulher resolveu usar uma lâmina de barbear para cortar com delicadeza o centro do casulo da segunda borboleta. Uma vez livre, a segunda borboleta ficou ali, em cima da mesa, como a primeira. No entanto, depois de um período igualmente breve, em vez de se recuperar e voar para longe, a segunda borboleta morreu. Confusa, a mulher entrou em contato com uma amiga bióloga e pediu a ela que explicasse por que a segunda borboleta havia morrido. A amiga explicou que a luta pela qual a borboleta passa para se libertar do casulo faz os líquidos das profundezas de sua cavidade corporal chegarem aos capilares minúsculos nas asas. O processo de empurrar as asas contra a parede interna do casulo é o que as faz endurecer, tornando-as fortes o suficiente para a nova vida de voos. Sem o esforço que uma borboleta faz para romper o casulo, não há força em suas asas, nem voo e, no final do processo, nem vida.

Como as borboletas nessa história, você e eu estamos destinados a nos libertar do casulo protetor. O ego, os medos e as crenças limitantes que nos mantêm presos apenas nos protegem da dor, do desconforto e da verdade que preferimos evitar. Mas, assim como a lagarta, cada um de nós tem dentro de si tudo de que precisa para ser livre. Quando paramos para refletir sobre o significado mais profundo dessa história, somos brindados com uma das lições mais bonitas e fortalecedoras da vida: já temos o necessário dentro de nós para cumprir nosso propósito de vida e realizar nosso maior potencial. Não nos falta nada. O universo, ou Deus, criou a vida para estar contido nela tudo o que é precisa para se tornar plenamente o que está destinada a ser.

Infelizmente, muitos passam a vida inteira sem se dar conta disso. Não somos ensinados a confiar em nós mesmos, mas a ouvir outras pessoas e a duvidar de nossa sabedoria interior, o que nos leva a preferir a familiaridade e a segurança do casulo a viver de verdade. Sem querer, acabamos nos contentando com um modo de vida limitado, em geral mentindo para nós mesmos de alguma forma, sem nunca perceber ou expressar a plenitude e a grandeza de quem realmente somos. Quem não se contenta com pequenos consolos, procura alguma coisa fora de si mesmo sem parar, pensando que algo ou alguém além dele o libertará. Talvez alguém o cure, resgate ou salve? Talvez alguém o ame o suficiente ou se importe o suficiente com ele para libertá-lo de sua luta pessoal e fazer tudo ficar bem? Como você, aprendi da maneira mais difícil que isso é uma grande ilusão.

Cada pessoa nasce uma lagarta e todo mundo cria um casulo para si mesmo à medida que cresce. A diferença, no entanto, é que alguns se dispõem a seguir os impulsos do coração e da alma para se tornarem o ser livre, apaixonado e resoluto que somos destinados a ser, e outros, não. Parece haver apenas duas opções na vida: tornar-se a borboleta que somos destinados a ser, ou não; aprender a se amar incondicionalmente e, com isso, libertar-se do casulo, ou não.

Na primeira opção, sem dúvida, há luta; às vezes lutamos muito, e é doloroso. Mas com a luta e a dor sempre vêm a beleza, a paz e a magia de viver a vida mais livre e alegre. A luta e a dor acabam valendo a pena, porque finalmente nos respeitamos pela coragem e força que encontramos para viver uma vida autêntica. Podemos experimentar a poderosa verdade amorosa e a inteligência natural que são inerentes à nossa natureza. Em essência, conseguimos ser livres, e pode-se dizer que a alma consegue voar.

Na segunda opção, ou nos contentamos com o conforto do nosso casulo e do nosso medo, ou esperamos que alguém ou algo apareça para nos libertar. Podemos passar a vida inteira esperando que alguém abra o casulo para nós. Nos dois casos, acabamos vivendo sem saber que já temos dentro de nós tudo de que precisamos para nos libertar e viver uma vida autêntica e significativa, tanto no aspecto pessoal quanto no profissional. Quando seguimos por esse segundo caminho, ficamos profundamente frustrados e insatisfeitos, e nada nem ninguém é suficiente para nós, porque, basicamente, não estamos nos responsabilizando por aquilo que apenas nós podemos e devemos fazer. No fim, nosso corpo deixa de funcionar antes mesmo de termos nos dado permissão para sermos felizes de verdade. Deixamos este mundo e a vida com arrependimentos, tendo deixado passar a magia, a maravilha e a beleza que está aqui e agora, esperando que todos as reivindiquem.

• • •

Para mim, uma vida sem ter aprendido a me amar incondicionalmente não valeria a pena. Na verdade, não sei se estaria vivo hoje se não tivesse encontrado a profunda compaixão e compreensão por mim mesmo, necessárias para me valorizar e, ser eu mesmo. Se for honesto consigo enquanto lê isso, tenho certeza de que concorda que o sofrimento e a confusão que resultam de um relacionamento ruim, inseguro, autodestrutivo e baseado no medo de você mesmo torna a vida bastante infeliz e difícil de viver, às vezes. Sentir-se incompreendido, sozinho e desconectado não é viver. Precisamos aprender a nos amar mental, emocional e fisicamente, para que possamos simplesmente nos sentir bem no nosso próprio corpo.

CAPÍTULO 2

Ressignificando o sofrimento

O mundo quebra a todos, e depois muitos são fortes nos lugares que foram quebrados.

— Ernest Hemingway,
Adeus às armas, 1929

> Onde quer que esteja, inspire devagar e profundamente, levando o ar até a barriga. É importante que neste momento você foque a atenção em si mesmo. Sinta todo o seu corpo, dos pés ao topo da cabeça, e depois até a ponta dos dedos. Livre sua mente de pensamentos intrusos. Relaxe qualquer tensão e deixe-se ser. Usando cada inspiração para abrir o corpo e criar espaço interior, dê boas-vindas a tudo o que está pensando, sentindo e experimentando aqui neste momento. Na expiração, imagine todas as suas dificuldades indo embora. Esteja presente no seu corpo e na sua respiração.

Tudo acontece por uma razão, especialmente os desafios relacionados à saúde da mente e do corpo. Embora isso possa ser difícil de aceitar, descobri que muitos, sem querer, se permitem ficar deprimidos ou fisicamente doentes, porque nunca aprenderam a expressar suas emoções ou cuidar de si mesmos da maneira necessária para permanecerem saudáveis e felizes ao longo da vida. Aprendemos desde cedo a agradar aos outros e a buscar o amor condicional de nossos pais ou cuidadores para sobreviver, mas muitas vezes à custa de sermos fiéis a nós mesmos, o que nos causa danos muito profundos. Se nunca despertarmos para essa dinâmica doentia, uma hora isso vai nos levar a depressão, doenças, problemas de relacionamento e a várias formas de sofrimento, que são simplesmente gritos de nossa alma nos chamando de volta para nós mesmos, para nossa fonte de paz e força, pedindo que nos amemos e nos valorizemos em cada momento — começando agora.

No início da vida, aprendemos a sentir alguma medida de medo, culpa e vergonha ao expressarmos o que sentimos, precisamos e queremos, porque aparentemente isso era muito egoísta ou pesado para as pessoas à nossa volta. Embora todos sejam mesmo egoístas, e a maioria muitas vezes viva em negação em relação a isso, hoje muitos se acostumaram a viver com medo. Então, depois de anos agradando aos outros e não cuidando de nós mesmos, com frequência nos descobrimos infelizes, doentes ou cheios de ressentimento, raiva e arrependimento.

Confusos, perguntamos a nós mesmos: Como cheguei aqui? Ninguém é uma pessoa ruim por querer viver uma vida gratificante e autêntica. Você não é uma pessoa ruim por querer ser saudável, feliz, compreendido ou estar plenamente satisfeito dentro de um relacionamento amoroso. No entanto, ainda sentimos vergonha de ter esses desejos. Involuntariamente, ficamos presos em uma teia que nós mesmos criamos, porque não percebemos que estamos esperando um compromisso sincero com nosso próprio bem-estar e que nosso sofrimento está nos pedindo para falar e agir com base naquilo que sentimos de verdade em cada situação.

Não posso deixar de apontar o fato de a medicina moderna convencional não ter descoberto a cura para o câncer, para doenças autoimunes e para a depressão clínica. Será por que elas não têm cura? Ou por que vemos essas doenças e esses sintomas de uma perspectiva limitada e perdemos completamente de vista o propósito desses desafios? Será que estamos procurando as causas nos lugares errados?

Eu acredito que sim.

Com base em minha experiência, trabalhando ao lado de dezenas de milhares de seres humanos reais, descobri que a saúde mental e emocional é a causa e a solução para a maioria das formas de sofrimento pessoal. A capacidade de expressar o que sentimos de maneira eficiente, superar o pensamento negativo e agir de acordo com nossas verdadeiras emoções, necessidades e desejos determina diretamente a qualidade do nosso bem-estar geral. Só porque não podemos ver alguma coisa, não significa que ela não seja real. Só porque não vemos o processo destrutivo da toxicidade não física se transformando em toxicidade física, não significa que ele não é preciso ou válido. Se eu dissesse que o amor genuíno que você sente por seu parceiro, cônjuge, filho, pai ou animal de estimação não é real, como você responderia? Acho que isso esclarece esse ponto.

Descobri que, na maioria dos casos, infelicidade profunda e doença crônica são resultados do relacionamento autodestrutivo, crítico, julgador e baseado no medo que muitas pessoas desenvolvem com elas mesmas na infância, o que leva a uma imunidade enfraquecida, maior suscetibilidade a vírus, bactérias e toxinas ambientais e, finalmente, à falta de autocuidado saudável. Como somos propensos a nos perder nesse modo nocivo de pensar e agir, já que ele é tudo que conhecemos, é muito fácil ignorar a possibilidade, em princípio ingênua, de que transformando nossa doença mental e emocional podemos obter o alívio duradouro e a paz que buscamos.

A vida parece levar embora qualquer coisa ou pessoa que consideramos garantidas. A saúde e a própria vida também se enquadram nessa categoria. Muitas vezes, vi como as pessoas ignoram e desconsideram sua vida mental e emocional, simplesmente porque não sabem como respeitá-la ou falar sobre ela de maneira eficiente. Em vez disso, aprendemos a usar a negação para sobreviver, e a progressão natural disso é um profundo sentimento de inutilidade, em que a pessoa percebe que seus sentimentos, suas necessidades e seus desejos não têm importância. Com frequência, sentimos que nosso eu interior ou nossa alma não têm valor ou não são reconhecidos pelas pessoas à nossa volta, e a consequência disso é um corpo que parece não ter importância ou que não se sente digno de atenção. Basicamente, um coração que não respeitamos e de que não cuidamos transforma-se num corpo que não é bom habitar. E isso se torna um ciclo vicioso com o qual uma pessoa pode se acostumar e permitir que arruíne sua vida.

Sejamos francos: Qual é o sentido de estar vivo, se a alma se sente presa, incompreendida e sem valor? Que ser senciente ia querer continuar vivendo uma vida mentalmente torturante, emocionalmente ansiosa e extremamente estressante? No entanto, nós, como seres humanos, nos sentimos indignos de criar um estilo de vida, uma carreira e relacionamentos que nos façam sentir bem, vivos e satisfeitos todos os dias. Embora pareça natural desejar uma vida saudável e feliz, somos contidos pela culpa, pelo medo, pela vergonha e pela mágoa latentes em nós. Vivemos nos sentindo desconectados, enquanto essa toxicidade interna goteja como ácido ou parasitas que nos devoram vivos lentamente. O vício e o suicídio podem ser entendidos sob essa luz, em especial quando lembramos como é sentir que não somos importantes, sofrer em silêncio e sozinhos, sem nenhuma ideia de onde encontrar amor, compreensão e alívio saudável em longo prazo.

> O sofrimento do corpo é uma máscara que a mente usa para esconder o que realmente está sofrendo.
> — **Helen Schucman**, *Um curso em milagres*, **1976**

Como cultura e como indivíduos, precisamos movimentar o pêndulo da atenção para a transformação da vida mental e emocional disfuncional, se quisermos que nosso corpo e o mundo exterior reflitam um ambiente interno saudável. Mas, antes de darmos esses passos, temos que encontrar a humildade para abrir nossa mente, especialmente se nossa abordagem atual não traz os resultados que queremos. Temos que admitir que estávamos errados e reconhecer que, talvez, nossas opiniões tenham sido limitantes ou não muito saudáveis para nós. Não se trata de nos enganarmos, pensarmos que somos falhos ou nos culparmos. E sim de reconhecer que herdamos alguns hábitos e crenças muito autodestrutivos de pessoas que estavam fazendo o melhor que podiam com o que sabiam na época. E, agora, nosso corpo, a vida e o mundo clamam para que enfim curemos nosso coração e nossa mente.

Para mim, a medicina tradicional chinesa oferece um dos insights mais práticos e lógicos sobre como pensamentos e emoções podem levar à saúde e à felicidade ou à depressão e à doença. A partir dessa visão de mundo, a causa das doenças físicas e mentais tem correlação direta com o fluxo de energia e de sangue no corpo. Em termos simples, quando a energia e o sangue fluem diariamente, temos saúde, felicidade e liberdade da dor. Mas, quando ficam estagnados, em algum momento teremos cansaço, depressão, dor física, imunidade baixa e acúmulo tóxico que podem causar doenças graves.

Essa perspectiva afirma que o sangue no corpo segue o fluxo da energia vital. O melhor exemplo disso é o batimento vigoroso ou a pulsação enérgica do coração, que faz com que o sangue flua nas veias e carregue células imunológicas, hormônios, vitaminas, minerais e outros nutrientes para todas as partes do corpo. O que muitas vezes é negligenciado na medicina ocidental é a ligação entre pensamentos e emoções internalizados que, junto do medo e da inação resultante, levam a uma diminuição no fluxo saudável de energia e sangue e, em seguida, a um prejuízo das funções dos vários sistemas do corpo todo, como o nervoso, o circulatório e o digestivo.

Considere por um momento que uma pessoa de quarenta anos, que passou em média dezesseis horas acordada todos os dias e, portanto, dormiu oito horas todas as noites, está viva e acordada há 840 milhões e 960 mil momentos ou segundos. São catorze milhões e dezesseis mil minutos de experiência de vida em que essa pessoa sente e pensa alguma coisa diretamente ligada a suas feridas, suas necessidades e seus desejos mais profundos. Objetivamente, grande parte desse processo interno é composto de emoções não resolvidas e pensamentos confusos, que circulam sem parar pela mente e pelo corpo e, raras vezes, são expressados ou abordados de uma maneira com a qual estejamos em paz. Esse ambiente interno pouco saudável em geral leva a estilos de vida ou vícios deletérios, que só causam mais prejuízos de saúde, imunidade baixa e problemas.

Tanto o pensamento quanto a emoção são formas sutis de energia atômica que, quando reprimidas constantemente ao longo do tempo, causam estresse interno, consumo limitado de oxigênio e desequilíbrios nos processos moleculares e celulares. Essa repressão também faz com que o fluxo da energia vital e do sangue diminua e seja bloqueado. Devido principalmente às várias manifestações de medo, insegurança e hábitos de agradar aos outros, a maioria das pessoas não age com base em instinto, intuição, autocuidado e naquilo que seu coração diz de verdade, o que cria mais interrupções no fluxo saudável de energia e sangue nos órgãos e no sistema circulatório. Sintomas como ansiedade, respiração superficial, fadiga crônica, letargia, distúrbios digestivos, depressão, transtorno bipolar e insônia se instalam, e nós — e muitas vezes nosso médico — não sabemos ao certo qual é a causa subjacente.

Em algum momento, conforme deixamos esse processo guiar nossa vida e nosso comportamento ao longo de dias, semanas, meses e anos, o sangue e os fluidos no corpo começam a coagular a tal ponto que nódulos, massas e tumores começam a se formar. Isso leva ao acúmulo de toxinas na corrente sanguínea, no tecido adiposo, nos músculos e nos órgãos, resultando em dores crônicas e doenças. Em termos simples, seu corpo entra em guerra com ele mesmo no nível celular, porque você está em guerra com você mesmo no nível mental e emocional. A inteligência milagrosa do corpo produz sintomas físicos para nos alertar para a ruptura entre o que realmente sentimos, queremos e precisamos e os medos que nos impedem de cuidar bem de nós mesmos, falar com honestidade e seguir nosso coração. Embora não tenhamos consciência disso, viver uma mentira e rejeitar constantemente nosso verdadeiro eu é exaustivo; com o tempo, nos destrói no plano físico e mental.

Desse ponto de vista, é fácil ver como viver uma vida estressante combinada com um trabalho insatisfatório e como a permanência em relacionamentos em que não somos fiéis às nossas emoções mais profundas podem criar uma pressão interna significativa sobre os principais órgãos e o sistema nervoso central. Se estamos constantemente lutando contra nós mesmos dessa maneira e não ouvimos as mensagens do nosso corpo, o resultado inevitável é a autodestruição. Não estou levando em conta o consumo excessivo de álcool, comida ou drogas, recreativas ou prescritas, que são hábitos motivados pelo desejo de anestesiar dores mentais e emocionais mais profundas. Muitas vezes, essa é uma busca equivocada de alívio em curto prazo que só piora nossa saúde no longo prazo. Essas muletas para o coração partido mascaram o sentimento de não ser digno de amor e o fardo de viver sempre com medo.

Minha opinião é que os problemas do sistema imunológico, tanto genéticos quanto adquiridos, decorrem dessa dinâmica. Se somos destrutivos nos pensamentos, na vida emocional, no comportamento e nos hábitos, com o tempo a diminuição do fluxo sanguíneo e energético, bem como o acúmulo de toxinas, leva a uma redução na capacidade de combater infecções por bactérias, parasitas e vírus. Da mesma forma, uma vida mental e emocional tóxica ou parasitária nos leva a permitir que pessoas tóxicas e parasitas permaneçam em nossa vida, o que tem correlação direta com uma maior suscetibilidade a todo tipo de patógenos e toxinas ambientais que, quando permitimos, corroem ainda mais nossa saúde, nossa felicidade e nossa paz.

A maioria das pessoas entende que comer alimentos integrais e adotar um estilo de vida saudável promove o bem-estar e previne doenças. O que a maioria não sabe, porém, é que uma absoluta honestidade, vulnerabilidade e amor por si mesmo em todas as situações são vitais para a saúde mental e física.

Estamos tão acostumados a esconder nossos verdadeiros sentimentos para sobreviver, manter a paz e sermos protegidos de julgamentos, críticas, agressões e rejeições que não percebemos que estamos nos relacionando com nós mesmos de maneira tão prejudicial e permitindo que outros se aproveitem de nós, até que, é claro, somos forçados a descobrir por que ficamos tão deprimidos e doentes.

No fundo, todos sabemos que a vida tem que ser mais do que só sofrimento. Mas ninguém pode nos salvar, nos curar ou nos libertar, a não ser nós mesmos. É exatamente por isso que o objetivo dos sintomas mentais, emocionais e físicos é mostrar onde e como não estamos cuidando bem o bastante de nós mesmos para prosperar e florescer antes de morrermos. Quando entendemos a verdade simples, mas profunda, de que todo sofrimento é resultado de uma rejeição constante ao verdadeiro eu — um eu que nunca aprendemos a amar, aceitar, valorizar e cuidar de forma adequada —, podemos começar a transformar todas as dificuldades que encontramos e encontrar imediatamente paz e saúde mais profundas.

A depressão e outros problemas de saúde são maneira práticas e lógicas do corpo de nos alertar para a importância vital de nos permitirmos ser completamente quem somos. Já vi muitas pessoas deixarem de ser vítimas dos próprios medos e inseguranças, o que permitiu a elas que transformassem seu sofrimento em uma melhor qualidade de vida. Quando se comprometeram de todo o coração a falar e a agir de uma maneira que priorizasse seus mais profundos sentimentos, suas necessidades e seu propósito de vida em todas as situações, mesmo com medo, essas pessoas foram capazes de curar e perdoar seu passado e, finalmente, parar de se machucar e se trair no presente.

A chave, então, para a transformação é parar de fugir de si mesmo. Hoje em dia, a maioria de nós se move pela vida apressada, que estamos perdidos em um movimento acelerado de distração, indo de uma pessoa para outra, de um lugar para outro, sem nunca desacelerar. Mas, se você escolher criar algum espaço para ficar sozinho e permanecer aberto para si mesmo, vai poder acolher suas verdades internas e sentir profundamente de novo. Então, você pode ter clareza sobre o que realmente quer na vida, o que é bom para você e o que o faz sentir vivo e feliz. Descobri que quando nos concentramos nessas coisas todos os dias, mesmo quando somos criticados por fazer isso, ajudamos o fluxo saudável de energia, sangue e emoção no corpo e nos afastamos naturalmente de qualquer pessoa, situação ou hábito que não seja mais saudável para nós.

Enquanto não abrirmos a mente para nossa capacidade inerente de nos curar e, assim, retomar a vida, a saúde e a felicidade em nossas mãos, sempre restarão aspectos de nós mesmos que estarão fechados e, portanto, não serão curados. Não importa quantos médicos visitemos ou quão competentes eles sejam. As muralhas do ego e do pequeno eu separado precisam cair, o que só pode acontecer se dermos atenção amorosa e aceitação a todas as nossas partes que rejeitamos e escondemos ao longo dos anos. Independentemente de quanto a vida foi difícil até agora, só assumindo 100% de responsabilidade pela depressão, por uma doença e pelas dificuldades mundanas que enfrentamos podemos ver o propósito de esse sofrimento nos levar ao nosso verdadeiro eu e à fonte de força e paz interior. Culpar alguém ou qualquer coisa externa só desperdiça o tempo e a energia de que precisamos para nos curar e nos libertar. Se escolhermos o orgulho ou a teimosia, em vez da vulnerabilidade honesta, nossa negação apenas nos manterá presos.

> Ninguém decide contra a própria felicidade, mas pode acontecer se a pessoa não perceber que é isso que está fazendo.
> — Helen Schucman, *Um curso em milagres,* 1976

A moral dessa história é que, mesmo quando não podemos ver, e mesmo que não nos permitamos acreditar, existe um modo de vida muito mais saudável e feliz esperando por todos nós, além das coisas com as quais estamos lutando atualmente. Descobri que a chave mais importante para encontrar a paz duradoura é a percepção de que todo sofrimento é apenas um grito do corpo e do inconsciente pedindo a você que se ame, se aceite e se valorize. Toda a luta mental, emocional, física, financeira e espiritual que enfrentamos é só uma maneira que a alma encontrou de nos fazer despertar para nossos próprios aspectos, os aspectos de nossas vidas e do nosso passado que ainda não aprendemos a amar ou a entender completamente.

A depressão, a insegurança e a dor nos forçam a levar mais consciência para nosso dia a dia, para assim percebermos o valor de viver com bondade e compaixão por nós mesmos, por outras pessoas e por toda a vida. O sofrimento, na verdade, nos impede de fugir e nos desperta para o presente, para que possamos transformar o que não contribui para o nosso bem-estar e para o nosso propósito de vida. As dificuldades servem para nos ajudar a aprender as lições por trás do que enxergamos como nossos "erros", para que possamos viver cada dia de uma maneira que crie mais harmonia e menos sofrimento, não apenas para nós mesmos, mas para todos ao nosso redor.

O sofrimento é, indiscutivelmente, parte da vida. Sempre foi e, em certa medida, sempre será. Mas o tanto que sofremos e o excesso de dor que criamos podem ser significativamente reduzidos e aliviados quando entendemos como provocamos tudo isso. A dor de não nos amarmos ensina a nos valorizar para que possamos desfrutar da vida que nos foi dada.

É animador saber que ansiedade, confusão, tristeza, frustração, raiva, mágoa, ressentimento, medo, vergonha, culpa, arrependimento, insegurança, inadequação e dúvida são apenas resultados de não termos sabido amar e valorizar a nós mesmos no passado. Toda a dor que já sentimos, estamos sentindo ou vamos sentir tem raiz nos momentos em que não fomos fiéis a nós mesmos, em que fizemos concessões desfavoráveis, nos traímos, nos abandonamos, nos julgamos, nos rejeitamos e, dessa forma, nos machucamos. Quando aceitamos essa verdade universal e a aplicamos à nossa vida, podemos enfim nos libertar de todo sofrimento adicional que nos permitimos involuntariamente sentir. Tenho certeza de que você concorda que a vida é desafiadora o suficiente sem que sejamos nosso pior inimigo.

> Não há consciência sem dor. As pessoas vão fazer qualquer coisa, as mais absurdas, para não enfrentarem a própria alma. Ninguém se torna iluminado imaginando figuras de luz, mas sim trazendo a escuridão à consciência.
> — Carl Jung

A única maneira de ir além dessa identificação com as próprias dificuldades é ver esses aparentes obstáculos como lições a serem aprendidas, que estão nos tornando pessoas melhores e mais fortes. Por mais que tentemos evitar a dor, se fugirmos dela ou nos entorpecermos, ela vai permanecer viva dentro de nós, não apenas nos deixando doentes ou miseráveis com o passar do tempo, mas também nos fazendo reagir à vida de maneiras que sabotam nossos relacionamentos, nossos objetivos e nossos sonhos. Muitas pessoas passam a vida inteira presas em algum tipo de sofrimento, porque continuam negando as verdades específicas que parecem esmagadoras, duras ou assustadoras demais para serem abordadas. Nunca aprendemos que, entrando no desconhecido e falando honestamente sobre essas batalhas internas, podemos transformá-las, crescer com elas e até prosperar por causa delas.

Cada pensamento, emoção e experiência de vida pode nos guiar para mais saúde, felicidade e autorrespeito se conseguirmos parar de lutar contra a vida e encontrar o propósito naquilo que nos desafia. Cada situação e relacionamento — passado, presente e futuro — está nos levando ao amor incondicional por nós mesmos e à liberdade que sabemos ser possível. De fato, quanto mais nos valorizamos, mais claro fica que o sofrimento, em todas as suas manifestações, existe para nos guiar diretamente para a alegria, a bondade e a verdade. Isso cria a bifurcação na estrada de que precisamos para fazer escolhas e expandir, em vez de contrair; rendermo-nos em vez de nos agarrar ao que não é saudável para nós; e cuidar de nós mesmos em vez de viver com culpa, negação e medo.

Perguntas práticas

No final da maioria dos capítulos deste livro, você vai encontrar perguntas especificamente elaboradas para transformar os principais bloqueios psicológicos e emocionais que o impedem de progredir. Essas perguntas vão ajudá-lo a liberar a emoção e a energia que estão presas no seu corpo e na sua vida, para que você possa remover tudo que está atrapalhando sua paz, sua saúde e sua felicidade. À medida que você trabalha com essas perguntas de autocura, escreva as respostas, porque expressar seus pensamentos e sentimentos dessa maneira vai ajudá-lo a respeitar e esclarecer o que é verdadeiro para você. Também vai libertar as energias psicológicas, emocionais, físicas e espirituais que ficaram presas. Por essa razão, recomendo que você compre um diário ou um caderno para escrever as respostas. O potencial de mudança e movimento que essas perguntas podem inspirar é, de fato, ilimitado.

Afirmações-chave

Além das perguntas, você também vai encontrar afirmações no fim da maioria dos capítulos deste livro. Essas práticas lhe ajudarão a pensar, sentir e expressar pensamentos e palavras positivas, saudáveis e de alta vibração. Como expliquei, as perguntas vão liberar energias vitais importantíssimas que ficaram presas em seu corpo, seu coração, sua mente e sua vida. Uma vez liberadas, essas energias podem ser canalizadas ou redirecionadas para pensar, sentir, falar e agir de maneiras que lhe ajudem a criar aquilo que você deseja e de que precisa. Com isso em mente, descobri que trabalhar com as afirmações imediatamente após responder às perguntas de confronto que as precedem é uma maneira muito eficaz de transformar as crenças limitantes e os padrões de pensamento doentios que o prejudicam. Além disso, recomendo usar a prática descrita anteriormente para todas as afirmações deste livro. Para simplificar, recomendo a você que marque a próxima página para que possa consultá-la depois de ler cada capítulo.

Por fim, é importante dizer que as afirmações não serão eficientes em muitos casos se você não estiver falando e agindo com base no que realmente sente em cada situação da vida. É por isso que, se você se olha no espelho e tenta dizer "eu te amo" para si mesmo ao mesmo tempo que está se traindo em sua vida, sua reação inicial será não acreditar naquela afirmação e criticar-se, porque a verdade é que você está se tratando de um jeito horrível, não com amor ou respeito. Quando começar a identificar as áreas em que não está se valorizando, você vai sentir que está cuidando de si mesmo, e as afirmações se tornarão um suporte muito poderoso para melhorar sua vida.

Outras formas de trabalhar com as afirmações

Com os olhos abertos ou fechados, onde quer que esteja, faça uma afirmação de cada vez. Se estiver sozinho e quiser fazê-las em voz alta, faça isso. Caso esteja perto de outras pessoas e se sentir mais confortável em fazê-las só para si mesmo, isso também é muito eficiente. De qualquer maneira, sinta todo seu corpo enquanto expressa cada afirmação. Sinta os pés, as pernas, o abdômen, o peito, as costas, os braços, as mãos, o pescoço e a cabeça. Inspire algumas vezes, devagar e profundamente, pelo nariz e levando o ar até a barriga e, em seguida, imagine que está falando com todas as células do seu corpo. Quando tiver uma oportunidade, tente também expressar essas afirmações na frente de um espelho, enquanto olha em seus olhos. Essa é uma maneira muito poderosa de se ajudar.

Observe também quaisquer pensamentos negativos, emoções ou sensações físicas que surjam dentro de você como reações às afirmações que faz. Eles vão representar os bloqueios inconscientes que o impedem de ter uma vida totalmente saudável e feliz. Uma vez ciente dessas limitações internas, você terá o poder de se amar mais e reafirmar os padrões de pensamentos positivos e saudáveis necessários para harmonizar as energias negativas que estão presas na sua mente e no corpo.

Por fim, considere que demora um pouco para criar caminhos neurológicos e energéticos novos e saudáveis. Gosto de comparar esse processo a escavar um novo canal de irrigação ou um novo leito de rio. A princípio, isso pode parecer um pouco com trabalho braçal, mas em algum momento o caminho é criado e a energia pode fluir livre e naturalmente de um jeito favorável, em vez de sabotar você. Quando pensa de uma determinada maneira por um longo período, é preciso paciência e prática para redirecionar pensamentos, palavras e ações de forma consistente em uma direção positiva e saudável. Então, quando você rejeitar ou duvidar de alguma afirmação positiva, saiba que essa reação representa uma parte da sua psique, sua personalidade ou sua identidade que foi desenvolvida para protegê-lo. Em outras palavras, quando for difícil aceitar ou sentir que o que você está afirmando é verdade, seja gentil com si mesmo e saiba que essa parte sua que está resistindo representa uma parte ainda em sofrimento. Com o tempo, tendo compaixão por você mesmo, as afirmações positivas oferecidas ao longo deste livro lhe ajudarão a curar seu coração e libertar sua mente. Então, por favor, não desista.

Perguntas práticas

» De que maneiras você sofre ou luta, mas evita compartilhar isso com outras pessoas?

» Que sintomas físicos ou doenças seu corpo está manifestando para pedir que você se ame e se valorize mais?

» O que você tem dificuldade de amar em si mesmo? O que tem dificuldade de amar em sua vida?

» Você já pensou em se matar? Se sim, por quê?

» Você consegue ver como o desejo de acabar com sua vida é, na verdade, um grito da sua alma para curar o relacionamento interno com si mesmo? Consegue ver como sua dor física, mental e emocional é um pedido para que você cure a mágoa, a tristeza e a raiva do passado armazenadas em seu corpo?

» Consegue ver como precisa aprender a ser gentil com si mesmo?

» Consegue ver que seus hábitos atuais de pensamento, fala e ação não são saudáveis e como, instintivamente, quer transformá-los em novas e saudáveis formas de vida? Se soubesse com certeza que poderia se livrar da dor que causa o desejo de não estar vivo, você iria querer aproveitar a vida? Você pode encontrar alguém para falar sobre como se sente e ser honesto sobre seu sofrimento?

» Em termos práticos, no que pode focar sua energia hoje que represente você cuidando de si e, portanto, respeitando o que ama fazer, o que quer fazer e o que precisa fazer?

Afirmações-chave

» Não preciso estar doente ou infeliz para ser amado.
» Nunca é tarde para recomeçar. Eu posso recriar minha vida.
» Não sou apenas meus pensamentos e minhas emoções.
» A voz na minha cabeça é apenas uma pequena parte de mim.
» Tenho dentro de mim tudo de que preciso para ser saudável, feliz e livre.
» Estou disposto a me amar incondicionalmente.
» A verdade amorosa dentro de mim vai me curar e me preencher.
» Encontro força, clareza e compaixão em meu sofrimento.

Pela primeira vez na vida vi a verdade tal como é cantada por tantos poetas, proclamada como a sabedoria final por tantos pensadores. A verdade: o amor é o objetivo mais elevado ao qual o homem pode aspirar. Então compreendi o significado do maior segredo que a poesia, o pensamento e a crença humana têm para transmitir: a salvação do homem acontece através do amor e no amor. Compreendi como um homem que não tem mais nada neste mundo ainda pode conhecer a bem-aventurança, seja apenas por um breve momento, na contemplação de sua amada. Em uma posição de total desolação, quando o homem não consegue se expressar na ação positiva, quando sua única conquista consiste em suportar os sofrimentos da maneira correta — uma maneira honrosa —, nessa posição o homem pode, pela contemplação amorosa da imagem que carrega de sua amada, alcançar a realização. Pela primeira vez na vida pude entender o significado das palavras: "Os anjos estão perdidos na contemplação perpétua de uma glória infinita."

— Viktor Frankl,
Em busca de sentido: Um psicólogo no campo de concentração, 1946

CAPÍTULO 3

A busca por amor

A fome de amor é muito mais difícil de saciar do que a fome de pão.

— Madre Teresa de Calcutá

> Onde quer que esteja, inspire devagar e profundamente, levando o ar até a barriga. É importante que neste momento você foque a atenção em si mesmo. Sinta todo seu corpo, dos pés ao topo da cabeça, e depois até a ponta dos dedos. Livre sua mente de pensamentos intrusos. Relaxe qualquer tensão e deixe-se ser. Usando cada inspiração para abrir o corpo e criar espaço interior, dê boas-vindas a tudo o que está pensando, sentindo e experimentando aqui neste momento. Na expiração, imagine todas suas dificuldades indo embora. Esteja presente no seu corpo e na sua respiração.

Nossa busca por amor e conexão é a verdadeira força motriz por trás de tudo que fazemos e de tudo que desejamos na vida. Quando nossa busca por aprovação, reconhecimento, segurança e sucesso perde o ímpeto, percebemos que estávamos só procurando o amor em todas as suas manifestações, porque, quando se chega a isso, o que mais importa?

Em muitos casos, mesmo antes das nossas necessidades físicas de sobrevivência por comida, água e abrigo serem satisfeitas, a necessidade de amor surge como principal fator motivador da vida, porque esse sentimento é o que faz a vida realmente valer a pena.

O amor, e as conexões autênticas e significativas que surgem com ele, é o verdadeiro remédio que cura, inspira e satisfaz, e é por isso que, queiramos admitir ou não, buscamos o amor em tudo de maneira direta ou indireta.

Esse desejo universal pelo amor que todos nós compartilhamos simboliza o profundo desejo dentro de cada um que nos faz lembrar quem realmente somos, para, assim, podermos voltar para nossa verdadeira natureza — uma natureza que é, sempre foi e sempre será uma fonte infinita de amor puro. Mas, por nos esquecermos disso, a maior parte do que fazemos no dia a dia é motivada pelo desejo de que os outros nos amem ou nos amem mais plenamente, para que, em última análise, possamos um dia nos sentir bem em nós mesmos e na nossa própria vida.

Até despertarmos para a fonte de amor interior, todos procuramos amor, atenção e reconhecimento nos outros, porque não aprendemos a nos amar e a nos valorizar os dias de forma satisfatória.

No entanto, à medida que aprendemos a cuidar de nós mesmos em nível emocional e físico de maneira prática, curamos a mágoa internalizada que bloqueia o acesso à fonte de amor interior, e isso revela simultaneamente o amor que somos.

Quando aprendemos a nos relacionar com nós mesmos com a bondade, a honestidade e o respeito que queremos, aumentamos naturalmente nossa capacidade de incorporar o amor e, assim, de amar os outros de maneira pura e incondicional, o que, como o desfrutar de cada dia, é uma expressão do nosso propósito maior na vida.

> Sua tarefa não é buscar o amor, mas apenas procurar e encontrar dentro de você todas as barreiras que construiu contra ele.
>
> — **Rumi**

Na busca por cura, propósito e felicidade, cada um de nós está somente procurando amor. Estamos aprendendo instintivamente a nos amar e a criar situações e relacionamentos saudáveis baseados no amor.

No início, todos nós procuramos no mundo exterior o amor que habita em nosso próprio coração. Cada um de nós só quer ser visto, compreendido, aceito, apreciado e valorizado como é. No fundo, queremos sentir que nossa vida é importante, que não estamos sozinhos e que pelo menos uma pessoa se importa de verdade com nossos sentimentos, nossos desejos, nossas necessidades e nossos sonhos.

O engraçado sobre a maioria das pessoas é que, embora o amor seja a única coisa que todas querem mais do que tudo na vida, ele também é justamente o que causa mais medo que qualquer outra coisa.

O amor nos amedronta porque exige que nosso coração esteja aberto e vulnerável a nós mesmos, a outras pessoas e ao mundo. Temamos esse amor que desejamos tanto porque ele abre nosso coração; quando nosso coração está exposto, podemos sentir nós mesmos, sentir os outros, sentir o mundo e sentir o amor e a dor que guardamos, para a qual fechamos os olhos e de que nos desconectamos por tanto tempo.

Em vez de sentir a intensidade da vida, fechamos involuntariamente nosso coração e nos isolamos da verdade pulsante do que sentimos, porque temos medo de experimentar emoções desconfortáveis como rejeição e insegurança, inerentes à existência humana. Claro, não temos consciência disso, mas ao fechar o coração rejeitamos nosso verdadeiro eu, que é a fonte do amor dentro de nós. Negamos a nós mesmos o acesso à única coisa que mais desejamos.

Somos criaturas interessantes, não somos?

Felizmente, descobri que o amor vivo dentro de cada um de nós é tão poderoso que acaba transformando todos os obstáculos internos e externos que estiverem em seu caminho. A duração desse processo depende de quando decidimos enfrentar nossos medos e parar de lutar contra sentimentos, necessidades e sonhos autênticos.

Quando somos fiéis a nós mesmos todos os dias, paramos de nos machucar no momento presente e curamos as feridas do passado, o que permite que o amor interior — o amor que estamos procurando — se expanda e preencha todo o nosso ser.

Em algum momento, o impulso evolutivo da vida, da natureza e de todo o universo vai prevalecer e garantir que encontremos esse amor que estamos procurando. É o nosso destino. Mas temos que aprender a ser nós mesmos plenamente e, assim, expressar o amor que somos através de pensamentos, palavras e ações se quisermos que isso aconteça o mais rápido possível.

Quando adotamos essa postura, a vida melhora imediatamente, porque evitamos a dor e os danos causados quando traímos ou escondemos nosso verdadeiro eu. Mais importante, passamos a viver cada dia sabendo que, enfim, não precisamos ser mais, fazer mais ou ter mais para sermos dignos de amor, porque sentimos, muitas vezes pela primeira vez na vida adulta, que somos e sempre fomos dignos de ser amados e abundantes em amor.

> Pedi e vos será dado; buscai e achareis; batei e vos será aberto; pois todo o que pede recebe; o que busca acha e ao que bate se lhe abrirá.
> — Mateus 7,7-8

Infelizmente, muitos acabam doentes ou deprimidos porque não sabem como obter o amor, a atenção, o apoio, o descanso e o espaço de que precisam. Ainda estamos esperando que os outros nos deem o que não recebemos na infância e nunca aprendemos a dar a nós mesmos.

A verdade é que você não precisa estar enfrentando uma doença ou ser uma pessoa infeliz para conseguir amor, apoio e tempo para cuidar de si mesmo. Você pode dar essas coisas a si mesmo. Mas, antes, você tem que reconhecer que nunca aprendeu a expressar claramente o que sente, ou nunca soube como pedir por coisas de que precisa.

Todos aprendemos uma maneira muito autodestrutiva de obter amor, atenção e apoio, que não apenas nos destrói se não a curarmos, mas também esconde a fonte interna que queremos desbloquear.

Você não precisa sofrer um colapso físico ou mental antes de falar sobre suas emoções ou ter um tempo para cuidar de si mesmo. Não há problema em cuidar de si próprio agora, antes que a busca pelo amor, pela atenção ou pela segurança faça você se sentir pior que hoje.

Se você não se der espaço e permissão para entender essa verdade dentro de você, vai ser difícil encontrar ou atrair o amor, a conexão, a paz e a felicidade verdadeira que está procurando.

Existe um caminho para se sentir suficiente, para se sentir digno de ser amado e para se reconectar à fonte de amor dentro de você. Mas esse caminho o desafia a aceitar que é possível ser amado por quem é e como é, e não pelo que faz pelos outros ou por quanto os agrada.

Perguntas práticas

» O que você mais ama na vida e sobre a vida? Quais são todas as pequenas coisas que você ama?

» Quais são suas coisas favoritas de fazer, ver, experimentar, tocar, cheirar, sentir, criar e realizar?

» O que faz você feliz?

» Que atividades lhe trazem felicidade? O que fez você feliz no passado?

» Quem você ama em sua vida? Com quem se importa?

» Quem você espera que lhe faça feliz ou lhe satisfaça?

» A quem você tenta constantemente agradar, fazer feliz ou satisfazer?

» O que aconteceria se você parasse de fazer isso?

» Em que você pode concentrar sua energia hoje que o represente cuidando de si mesmo e, portanto, respeitando o que você ama, quer e precisa fazer?

Afirmações-chave

» Minha alma é feita de puro amor. Eu sou amor puro e incondicional.

» Há um oceano de amor dentro de mim. Eu sou um só com o universo infinito.

» Não preciso procurar o amor fora de mim.

» Sou suficiente.
» Sou digno de amor assim como sou.
» Não preciso ser mais, fazer mais ou ter mais para me amar ou ser amado pelos outros.

CAPÍTULO 4

Egoísmo saudável

Uma pessoa que busca ajuda para um amigo, sendo ela mesma necessitada, será atendida primeiro.

— **Talmude**

> Onde quer que esteja, inspire devagar e profundamente, levando o ar até a barriga. É importante que neste momento você foque a atenção em si mesmo. Sinta todo o seu corpo, dos pés ao topo da cabeça, e depois até a ponta dos dedos. Livre sua mente de pensamentos intrusos. Relaxe qualquer tensão e deixe-se ser. Usando cada inspiração para abrir o corpo e criar espaço interior, dê boas-vindas a tudo o que está pensando, sentindo e experimentando aqui neste momento. Na expiração, imagine todas suas dificuldades indo embora. Esteja presente no seu corpo e na sua respiração.

Se for honesto com si mesmo, você diria que é uma pessoa egoísta ou altruísta? O que acha da afirmação de que todo mundo é egoísta, independentemente de quanto tentem disfarçar? Você poderia aceitar a visão de que algumas pessoas são saudáveis em suas tendências egoístas, enquanto a maioria é bastante doentia e destrutiva, que é o que dá ao tema do "egoísmo" uma conotação negativa e nos leva a negá-lo como atributo fundamental da natureza humana?

Se você analisar isso com atenção, vai ver que ou cuidamos bem de nós mesmos — o que nos permite realmente ter tempo e energia para os outros — ou negligenciamos nosso bem-estar mental, emocional e físico e, assim, vivemos estressados, ressentidos e tristes.

Nosso copo metafórico ou está transbordando de pensamentos construtivos, emoções e hábitos saudáveis, decorrentes de sermos egoístas e atendermos aos nossos sentimentos e às nossas necessidades mais profundas, ou não tem nada de positivo a oferecer, porque se encheu de toxicidade depois de anos de concessões autodestrutivas, repressão emocional e medo.

A natureza foi projetada para prosperar por intermédio de uma forma saudável e egoísta de autopreservação, pela qual um organismo busca primeiro aquilo de que precisa para sobreviver para, em algum momento, prosperar em equilíbrio com seu ambiente. Um exemplo maravilhoso disso é a macieira, que não poderia oferecer oxigênio para respirarmos, maçãs para comermos e sombra para nos abrigarmos se não tivesse absorvido primeiro a água e os nutrientes da terra, e a luz e a energia do sol de que ela precisava para crescer forte e saudável.

Sendo parte da natureza, nós também fomos projetados para ter esse mesmo funcionamento. Como ser humano, não apenas corpo, coração e mente funcionam melhor quando damos a nós mesmos aquilo de que precisamos para estar bem, felizes e fortes, como a consequência natural dessa dinâmica é que também temos muito mais para dar aos outros quando atendemos primeiro a nós mesmos.

> O autocuidado nunca é um ato egoísta — é simplesmente um bom jeito de administrar a única dádiva que tenho, a dádiva que fui posto na terra para oferecer aos outros.
>
> — Parker Palmer

Quando você lê a expressão *egoísmo saudável*, pode pensar que essas duas palavras se contradizem ou reconhecer a crença limitante que herdou de seus pais ou da sociedade de que ser egoísta é negativo, ruim, errado, pouco saudável ou pecaminoso.

Muitas pessoas que estiverem lendo isso podem reconhecer que criaram uma vida baseada no medo de serem julgadas como egoístas. Se você se enquadra nessa categoria e passou, ou ainda passa, a maior parte da vida agradando aos outros e se colocando em segundo ou último lugar ao lidar com sua família, seus amigos, seu parceiro ou seu cônjuge, a verdade é que você ainda é egoísta à sua maneira. Você só aprendeu uma forma muito doentia e autodestrutiva de egoísmo, que está mascarada na sua percepção de altruísmo ou martírio, mas que, na verdade, é sua maneira completamente egoísta de sobreviver e conseguir o que quer e o que pensa que necessita.

Medos, muitas vezes, nos levam a nos proteger de forma egoísta e permanecer confortáveis em vez de enfrentar as críticas das pessoas mais próximas a nós. É comum continuarmos negando o que realmente sentimos, queremos ou precisamos por medo das reações e das responsabilidades que virão quando falarmos ou agirmos com base em nossa verdade interior.

Quando aprendemos a ser honestos conosco e com os outros, as pessoas que estão acostumadas a serem agradadas por nós vão se deparar com a própria raiva, mágoa e insegurança que nosso comportamento agradável mascarou temporariamente.

Quando nos respeitamos e não ficamos sempre atendendo aos outros, também corremos o risco de sermos rejeitados por aqueles que mais amamos e valorizamos, porque aqueles que ainda se traem e fazem concessões regularmente vão ter dificuldade para entender nossa noção crescente de autorrespeito e autovalorização. Essas pessoas podem nos julgar, mas só porque ainda se julgam por não exercerem a coragem de se valorizarem.

O último exemplo que gosto de usar para desconstruir o mito do altruísmo, e que prova que todos são de fato egoístas, é o de um pai ou de uma mãe. Se investigarmos todas as possíveis razões para alguém trazer uma criança a este mundo, encontraremos motivos estritamente egoístas. Nenhuma mulher ou homem diz que quer ter um filho para abrir mão dos próximos vinte e tantos anos da própria vida para atender às necessidades de alguém que, provavelmente, não vai dar a ele ou ela o devido valor e depois culpá-los por todos os problemas dele. Uso esse tom leve, com um leve humor, para expressar um ponto de vista, mas, com o maior respeito, esse é um fato muito delicado e complicado para algumas pessoas.

Já que você é obviamente um filho, pare e pergunte a si mesmo por que seus pais lhe conceberam e trouxeram a este mundo. Essa motivação foi egoísta ou altruísta? Se você mesmo quer ser pai, acabou de ser pai ou é pai é há anos, pare também para se perguntar por que você quer filhos ou teve filhos. Com toda honestidade possível, seus motivos foram altruístas ou egoístas?

Seja a paternidade e a maternidade uma escolha consciente ou um acidente, elas são os melhores exemplos de egoísmo disfarçado de sacrifício altruísta, porque homens e mulheres sempre criam filhos a partir do próprio desejo de tê-los, mesmo que essa experiência acabe sendo diferente do que eles imaginavam que fosse. Em outras palavras, qualquer pessoa que tem um filho o tem porque seu sonho é ter uma família, ou quer ser melhor do que foram seus pais nesse papel, ou dar a uma criança o que ela mesma nunca recebeu.

Embora raramente se admita, muitas vezes um filho é um acidente indesejado, para um ou ambos os pais, que estavam só querendo se divertir, ou desfrutar dos prazeres da intimidade sexual, ou buscar amor, aprovação e aceitação do sexo oposto.

Em alguns casos, uma pessoa não sabe mais o que fazer da vida, e ter um filho parece uma boa opção, porque todo mundo está fazendo isso, então por que não? Às vezes, ter um filho é uma concessão para prender um homem, ou não perder uma mulher, ou ter segurança financeira, ou escapar dos próprios pais, ou mudar a vida de alguém, ou, em alguns casos, uma oportunidade de receber do governo um benefício maior. Em outras palavras, mesmo o pai mais amoroso, generoso e "abnegado" é egoísta.

O que todos nós precisamos reconhecer, além de nossa natureza egoísta, é que não há nada de errado nisso, porque a vida é assim. O mais importante aqui é que é mais saudável ser honesto sobre o próprio egoísmo e o dos outros, assim você pode fazer escolhas bem fundamentadas e baseadas em profundo amor-próprio e verdade. É melhor para todos que paremos de tomar decisões autodestrutivas baseadas na negação ou nas mentiras que contamos a nós mesmos.

Quanto mais entendemos e aceitamos isso, mais claro fica que, quando nos amamos de maneira saudável, estamos nos preparando para nos doar conscientemente a outras pessoas, sem manipulação, condições ou amarras.

Dedicar tempo, energia e apoio aos outros, mesmo que em detrimento próprio, muitas vezes parece algo natural, porque, espiritualmente falando, não existe separação verdadeira entre as pessoas. Assim, quando amamos os outros, também estamos nos amando.

No entanto, em nível prático, a maioria das pessoas se concentra de forma involuntária nos outros para se distrair dos próprios sentimentos, necessidades e desejos mais profundos, porque nunca aprenderam a ficar sozinhas com seus pensamentos e suas emoções.

Muitas vezes, tentamos fazer outras pessoas felizes e afirmamos que nossos motivos são altruístas, quando a verdade é que não soubemos dizer "não" e esperamos que os outros nos atendam de maneira semelhante. Quando isso não acontece, quando não conseguimos essa reciprocidade, nos sentimos magoados, ressentidos ou usados, porque estávamos de fato "dando para receber", em vez de doar com pureza, plenitude e altruísmo.

A maioria das formas de culpa surge desse hábito de relacionar-se que pensamos ser moralmente "bom" ou socialmente aceitável. Tendo aprendido a forma muito comum e nada saudável de egoísmo, sem querer nos negligenciamos, pensando que isso é normal e saudável. Mas a verdade é que a maioria nunca aprendeu a satisfazer as próprias necessidades ou a pedir o que quer. Em vez disso, escondemos nossas tendências egoístas, e essa doação aos outros se torna involuntariamente manipuladora.

• • •

O medo é o maior obstáculo para transformar nossas tendências egoístas doentias em uma forma de egoísmo saudável, que primeiro nos beneficia e depois beneficia a todos que conhecemos e encontramos.

Medo de machucar os outros, medo de assumir a dor que causamos, medo de ser julgado, medo de ser rejeitado, medo de ser vulnerável, medo de perder o amor, medo de perder apoio, medo de perder um parceiro, um cônjuge ou um amigo e medo de ficar sozinho são algumas das justificativas mais comuns para nossas tendências autodestrutivas. Em consequência disso, acabamos tendo conosco um relacionamento prejudicial, que depois se torna prejudicial e destrutivo também para as pessoas à nossa volta. Na sua opinião, a partir dessa perspectiva objetiva, qual na sua opinião é a abordagem ideal?

Um exemplo simples disso é um parceiro ou um pai que nunca age diretamente em prol de si mesmo, mas agrada aos outros o tempo todo e se coloca em último ou segundo lugar. Isso em geral resulta em ressentimento, frustração e insatisfação e, na minha experiência, acaba levando à depressão, a problemas de relacionamento e a várias doenças físicas.

Outro exemplo comum é uma pessoa que se torna dependente química ou alcoólatra por não saber lidar com suas emoções, suas necessidades e seus desejos mais profundos. Sua tendência egoísta doentia de se entorpecer e evitar suas feridas reais torna-se prejudicial para as pessoas ao seu redor. Seu mundo interior tóxico transborda e se torna tóxico para todos os envolvidos. Se, no entanto, essa pessoa pudesse aprender a se amar e a se valorizar o suficiente para lidar com seus verdadeiros sentimentos, iria querer cuidar melhor do corpo e da vida em geral. Ela sentiria que é importante e tem valor.

Há um grande mal-entendido em torno da palavra *egoísta*, porque estamos muito familiarizados com sua manifestação doentia.

O egoísmo saudável não vai nos tornar frios, insensíveis, rudes ou nos fazer ficar sempre sozinhos. Ser egoísta de um jeito saudável não significa desconsiderar os sentimentos e as necessidades de outras pessoas. Significa simplesmente que não nos prejudicamos para agradar ou apoiar outras pessoas, como muitos fazem. Significa que cuidamos do nosso corpo e valorizamos nossos sentimentos, nossas necessidades e nossos sonhos, o que nos torna capazes de respeitar esse desejo saudável nas outras pessoas.

Ao contrário do que pensa a maioria, à medida que aprendemos a ser egoístas de forma saudável, nos tornamos mais compassivos e compreensivos, porque, em vez de esperar que os outros atendam às nossas necessidades e nos agradem o tempo todo, conseguimos perceber e aceitar que as outras pessoas têm seus próprios sentimentos, necessidades e desejos, que também devem ser atendidos todos os dias para serem igualmente saudáveis e felizes.

Embora muita gente tenha sido criada para acreditar no contrário, não é uma coisa errada você desejar saúde e felicidade a si mesmo. Não é imoral ser a melhor pessoa que você pode ser. Não é pecado viver a vida ao máximo. Pelo contrário, é saudável.

É bom buscar de forma egoísta atividades, experiências, relacionamentos e uma carreira que tragam alegria e façam você se sentir bem, e é vital encontrar a paz interior e tornar o mundo um lugar mais pacífico.

Se não pararmos de nos contentarmos com menos do que merecemos ou do que sabemos ser possível na vida, só ficaremos ressentidos, tristes e doentes, o que não é bom para ninguém. Acreditar que você é altruísta, ou fazer papel de mártir, mas acabar doente e miserável, não ajuda o mundo em nada.

CAPÍTULO 5

Cure a culpa, a vergonha e a insegurança

Não é nada saudável estar bem ajustado a uma sociedade profundamente doente.

— Jiddu Krishnamurti

> Onde quer que esteja, inspire devagar e profundamente, levando o ar até a barriga. É importante que neste momento você foque a atenção em si mesmo. Sinta todo o seu corpo, dos pés ao topo da cabeça, e depois até a ponta dos dedos. Livre sua mente de pensamentos intrusos. Relaxe qualquer tensão e deixe-se ser. Usando cada inspiração para abrir o corpo e criar espaço interior, dê boas-vindas a tudo o que está pensando, sentindo e experimentando aqui neste momento. Na expiração, imagine todas suas dificuldades indo embora. Esteja presente no seu corpo e na sua respiração.

Você se sente culpado pelos seus sentimentos e pelos seus desejos? Sente-se culpado depois de expressar suas emoções ou depois de fazer alguma coisa só para si mesmo, que não seja para agradar a outra pessoa? Você tem medo de machucar os outros ao fazer uma escolha que é melhor para você e depois descobre que não fez essa escolha e se machucou?

Se respondeu "sim" a qualquer uma dessas perguntas, então você é como eu e a maioria das pessoas no planeta: sentimos uma culpa profunda que nos faz deduzir não só que somos um problema — que nossa mera existência é um fardo —, mas também que somos de alguma forma culpados, maus ou pecadores por querermos ser felizes, estarmos bem e sermos amado de verdade.

Sobreviver é realmente suficiente? Devemos aceitar que é "normal" viver com medo, com profunda insegurança, vergonha e ansiedade? Querer prosperar, alcançar seus sonhos, sentir-se completamente satisfeito em seu relacionamento íntimo e realizar todo o seu potencial pessoal e profissional é mesmo pedir demais?

Minha opinião é a de que ninguém veio para esse mundo apenas para sobreviver ou se contentar com migalhas de felicidade, paz, saúde e amor. Na verdade, estamos todos destinados a aprender a nos valorizar o suficiente para não nos contentarmos com menos do que um pão inteiro em cada uma dessas áreas. Não é errado querer aproveitar a vida, os relacionamentos e o corpo. Não é errado desejar um trabalho gratificante, que tenha significado e que também pague as contas, coloque comida na mesa e, com o tempo, nos dê liberdade financeira para nunca nos sentirmos presos em um lugar onde não queremos estar.

Descobri que há um fio de ouro em grande parte do sofrimento; um fio que, uma vez compreendido, nos ajuda a curar a origem da insegurança, do medo, da culpa e da vergonha. A causa dessas emoções, com as quais muitos lutam diariamente, remonta à concepção, ao tempo que passamos no útero da nossa mãe e à primeira infância.

Pense em como era a vida para sua mãe e seu pai quando eles fizeram amor e criaram você. Você acha que seus pais tinham profunda autoconsciência, eram emocional ou financeiramente estáveis, felizes com eles mesmos, amavam a si mesmos ou estavam verdadeiramente satisfeitos com o relacionamento íntimo deles? Ficou muito evidente para mim, depois de ter trabalhado com milhares de pessoas em todas as fases da vida, que a maioria fica estressada, dispersa, confusa, assustada e sem saber quem é — em graus variados, é claro — quando trazem uma vida ao mundo.

Algumas pessoas estão cientes dessa inquietação interna, enquanto outras são muito boas em reprimir o que sentem e, assim, continuam vivendo como se tudo estivesse bem, quando na realidade há um pouco de turbulência interna. Isso passa a ser importante quando paramos para pensar que não só absorvemos tudo que nossa mãe comeu e bebeu enquanto grávida, como herdamos muito do que ela acreditava, pensava, sentia e vivia em seu ambiente. Se nossa mãe estivesse insegura, confusa, assustada ou ansiosa, provavelmente teríamos nascido com essas energias vivas dentro de nós. Da mesma forma, se ela estivesse confiante, em paz e se sentindo forte, também é provável que nos sentíssemos assim. Podemos dizer a mesma coisa sobre as condições e o estado do nosso pai biológico no momento da concepção, do nascimento e nos primeiros anos de formação da criança. Se ele estivesse assustado, estressado ou ausente, sentiríamos isso. Se ele estivesse animado, decidido e comprometido, assim nos sentiríamos também.

A ponte entre tudo isso e por que nos enganamos tanto é que a maioria dos pais sentiu em algum momento que ter filhos era estressante, um sacrifício ou um fardo. Mesmo que nenhum pai escolha se sentir assim, muito menos admita, isso é muito comum, e tem por base a verdade de sermos criaturas inerentemente egoístas. Podemos sentir na infância essa verdade tácita, que está ligada a todas as outras verdades reprimidas, que mais tarde acabam levando a várias formas de sofrimento. Isso não significa de forma alguma que seus pais eram pessoas ruins, nem que você está errado por se sentir assim, se for pai ou mãe. Explorar esses fatos não significa julgar nossos pais ou nós mesmos. Também não se trata de culpar alguém. O que essa perspectiva oferece é uma consciência objetiva de uma das principais causas de nossas dificuldades, que precisa ser compreendida e curada se quisermos ser saudáveis e felizes em longo prazo.

Se você refletir sobre sua infância e avançar para o presente, considerando o relacionamento com seus pais, vai reconhecer muito bem que sempre se sentiu um problema. Alguns podem sentir que suas decisões, suas necessidades, seus sentimentos, seus desejos e suas fantasias inocentes não eram bem-vindos e apoiados, mas sim julgados, isolados ou ignorados.

Outros podem achar que isso não aconteceu com eles, ou ter dificuldade para entender como isso se aplicaria a eles pessoalmente. Mesmo que você sinta que seus pais lhe deram muito amor, ainda teria desenvolvido hábitos para agradá-los ou para não os aborrecer, o que mais uma vez resulta em você rejeitando aspectos do que sente, precisa ou deseja, em troca de amor. Insegurança, culpa, vergonha e medo sempre surgem com essa dinâmica.

Para todos nós, em especial para aqueles que se sentiam um fardo ou eram abertamente indesejados, é muito libertador entender como desenvolvemos uma profunda insegurança e falta de autovalorização por sentirmos na infância que nossa vida física e emocional era um problema. Mesmo que seja difícil aceitar, em algum lugar no fundo do nosso inconsciente, sentimos hoje algum grau de culpa só por existir, o que está relacionado à nossa culpa e à nossa vergonha por termos sentimentos, necessidades, desejos e sonhos. É aqui que aprendemos a reprimir e a esconder o que está acontecendo conosco por medo de sermos abandonados, rejeitados, criticados ou abusados. É também o momento em que aprendemos a nos sentir inseguros em relação à perda do amor e da atenção, muitas vezes tóxicos, que recebemos. Vendo por esse prisma, é fácil entender por que, na vida adulta, continuamos voltando a relacionamentos ou situações pouco saudáveis. No início da vida, fomos condicionados a confiar em uma fonte de amor, segurança ou conexão que pode ter sido muito fria, tóxica, abusiva ou distorcida de alguma forma, então nos acostumamos com esse jeito de se relacionar e, assim, aprendemos a nos acomodar com isso na vida adulta.

Se você está faminto por amor e só recebe migalhas, é normal que fique com muito medo de perder a pequena quantidade de "alimento" que aparece em seu caminho. Além disso, até que entenda tudo isso, você vai fazer o que for preciso para conservar essas migalhas. Como dependemos dos nossos pais ou nossos cuidadores na infância, porque somos vulneráveis — independentemente de quanto eles sejam bons para nós ou não —, aprendemos a evitar dizer ou fazer coisas que possam levá-los a parar de nos dar essas pequenas porções de amor e apoio. E tem alguns que só não queriam sofrer abusos verbais, físicos ou sexuais, então se fechavam para manter o pouco de paz que podiam ter. Embora não possamos articular isso, também é neste momento que aprendemos a sentir que não somos importantes ou que não temos valor — especialmente quando os adultos que cuidavam de nós eram insensíveis, estressados, agressivos ou ausentes. Primeiro, não aprendemos a entender ou expressar nossos sentimentos; segundo, aprendemos a negar essas verdades internas apenas para sobreviver, o que se torna um hábito muito autodestrutivo que passa a definir a vida de muitos adultos. Somos involuntariamente enganados por nossos pais, nossos cuidadores ou nossos professores desde cedo, e aprendemos a nos enganar por sentir o que sentimos, por precisar do que precisamos, por querer o que queremos ou por sonhar o que sonhamos.

Como nossos pais nos tiveram por motivos egoístas, a verdade lógica e objetiva é que a maioria deles não tinha ideia do que a criação dos filhos exigiria, nem estava pronta para a responsabilidade. Ter uma família, colocar comida na mesa, manter um relacionamento saudável e encontrar um pouco de paz e felicidade não é fácil para ninguém. É estressante. Mesmo assim, na prática, é importante entender que isso está diretamente relacionado a como, onde e por que tantas pessoas desenvolvem um relacionamento doentio com elas mesmas, no qual se diminuem em troca de amor, aprovação, aceitação doentia e condicional e apoio de outras pessoas. É um padrão autodestrutivo que nossos pais aprenderam com os pais deles e que está ligado a toda insegurança, culpa, vergonha e medo transmitidos há gerações por genética, emoção e hábitos.

Em minha experiência profissional, e como um homem que lutou para curar as próprias inseguranças, descobri que entender essa dinâmica é a única maneira de arrancar pela raiz a fonte de insegurança, culpa, vergonha e doença física. Quando crianças, não sabíamos como nos permitir ser fiéis a nós mesmos em todas as situações, mas agora podemos aprender isso. Como adultos, é muito comum termos medo de ser rejeitados e abandonados porque, em um nível inconsciente, temíamos ser rejeitados quando crianças.

Desde o início da vida aprendemos a escolher entre nossa própria felicidade e agradar aos outros. Parecia que não podíamos ter as duas coisas. Aprendemos a ter medo de machucar os outros, então, em vez disso, machucamos a nós mesmos. Aprendemos a ter medo de dizer não aos outros, então passamos a negligenciar a nós mesmos. Compreender esse bloqueio profundo que mantém tanta gente presa, miserável e doente é a chave para superá-lo, porque depois que tomamos consciência dessa dinâmica, nunca mais a esqueceremos completamente.

Essa realidade não é culpa de ninguém, mas sim algo a que é preciso estar atento, se quisermos quebrar o ciclo autodestrutivo e parar de nos contentarmos com migalhas de amor, saúde, felicidade e respeito.

CAPÍTULO 6

Valorize-se

O desafio mais difícil é ser você mesmo em um mundo onde todos estão tentando fazer você ser outra pessoa.

— **E. E. Cummings**

> Onde quer que esteja, inspire devagar e profundamente, levando o ar até a barriga. É importante que neste momento você foque a atenção em si mesmo. Sinta todo o seu corpo, dos pés ao topo da cabeça, e depois até a ponta dos dedos. Livre sua mente de pensamentos intrusos. Relaxe qualquer tensão e deixe-se ser. Usando cada inspiração para abrir o corpo e criar espaço interior, dê boas-vindas a tudo o que está pensando, sentindo e experimentando aqui neste momento. Na expiração, imagine todas suas dificuldades indo embora. Esteja presente no seu corpo e na sua respiração.

Muitas vezes, é só quando permitimos que outras pessoas nos tratem muito mal e, portanto, nos sintamos imprestáveis ou sem valor que percebemos que nossa abordagem da vida precisa mudar. Infelizmente, as coisas precisam ficar bem ruins antes que a maioria perceba o quanto é importante nos respeitar e nos valorizar em todos os momentos, todas as situações e todos os relacionamentos. Aqueles que se sentem inadequados, inseguros, não merecedores ou indignos de amor, vão se abandonar e se trair em nome do amor dos outros, a ponto de se encontrarem repetidamente em situações em que se sintam usados, imprestáveis ou sem valor para aqueles à sua volta e para si mesmos. Por trás dessas situações dolorosas, no entanto, está a verdade fortalecedora de que não somos vítimas, de forma alguma. Na verdade, somos nós que fazemos concessões para ter a aceitação condicional, a aprovação, a atenção e o apoio de outras pessoas; portanto, podemos mudar esse padrão autodestrutivo.

O que a maioria não percebe, até permitir que a própria noção de autovalorização e autorrespeito chegue a zero, é que a cada momento em que deixamos de nos valorizar, estamos nos abandonando e nos machucando muito mais profundamente do que imaginamos. Essa mágoa que causamos a nós mesmos sem saber cria profunda raiva, vergonha, frustração, ressentimento, ódio e insatisfação por nós mesmos. A cada momento, ou somos fiéis a nós mesmos ou fazemos concessões. Assim, a cada situação em que permitimos que o medo de perder amor, aceitação, aprovação, atenção, segurança ou apoio determine nossas escolhas e atitudes, aumentamos esse estoque de dor, tristeza e mal-estar interior que criamos dentro de nós, traindo-nos ao longo da vida.

Como mencionei, a maioria das pessoas nunca se sentiu suficientemente segura na infância para ser quem é ou expressar tudo que sente, pensa, deseja ou precisa. Logo, os instintos levaram todas elas a se fragmentarem em troca do amor condicional que sentiam precisar receber dos pais, professores, colegas e cuidadores apenas para sobreviver. Esses medos profundos que todos carregamos em alguma medida nos levam a nos trair na vida adulta. Seja com pais, filhos, outros membros da família, cônjuge, parceiro, amigos, colegas, empregadores ou funcionários, a maioria das pessoas ainda abandona suas verdades internas em troca de alguma coisa.

Essa troca destruidora da alma pode vir na forma de um desejo de se encaixar, de evitar confrontos, de ser aceito, de chamar a atenção, de ser aprovado, de sentir-se seguro ou de ter segurança financeira. Também pode vir na forma de um desejo por fama, companheirismo, prazer ou sexo. Independentemente de com quem ou com que se comprometeram ao longo dos anos, muitos criam uma vida completamente dependente por não saberem e nunca aprenderem a superar o medo de perder o amor e a segurança, e sempre serem fiéis a quem realmente são.

• • •

Sentir-se indigno não é um bom jeito de viver. Existe uma área cinzenta na nossa psique e no nosso coração, onde nos sentimos sem valor e imprestáveis, que precisa ser curada para que fiquemos felizes e bem. Esse ponto cego na nossa consciência leva muitos a permanecer em situações, relacionamentos e empregos que não refletem seus verdadeiros sentimentos, em última análise porque mantemos a crença destrutiva de que ninguém mais ficará ao nosso lado, nos amará ou nos empregará se nos valorizarmos de verdade. É de partir o coração que tantos acreditemos que falta algo dentro de nós, algo que nos torna indignos de amor, felicidade e respeito. Mesmo que isso seja falso, ainda acabamos nos prejudicando, porque sentimos que a única maneira de sermos amados, aceitos, aprovados e apoiados por outras pessoas ou por uma empresa é agradá-los e fazê-los felizes, mesmo em detrimento de nossa integridade, felicidade e bem-estar.

Esse padrão autodestrutivo de relacionamento com você mesmo o leva a viver a maior parte dos seus dias ignorando os próprios valores e as próprias necessidades em troca dessa forma maculada de amor. É assim que a vida se torna uma luta constante para agradar aos outros, enquanto, no fundo, permanecemos tensos, amargos, sozinhos e insatisfeitos. O que não conseguimos perceber é que apenas nos valorizando em cada situação, a partir deste momento, é que podemos curar nossas principais inadequações e inseguranças e, em algum momento, descobrir que sempre fomos dignos de todas as coisas boas, nutritivas e belas.

> Seja suave. Não deixe o mundo te endurecer. Não deixe a dor te fazer odiar. Não deixe a amargura roubar sua doçura. Orgulhe-se de ainda acreditar que o mundo é um lugar bonito, mesmo que o resto dele discorde.
>
> — Iain Thomas, *The Fur*

Aprender a valorizar nossas partes mais profundas é muitas vezes um estágio doloroso do despertar, através do qual reivindicamos o valor intrínseco da nossa vida dentro e fora dela. Independentemente de como pareça visto de fora, todos vivemos com partes de nós mesmos que são como quartos escuros, em que fragmentos da alma se sentem maltratados ou abandonados; e parece que ninguém está ouvindo nossos gritos de dor. Ironicamente, estamos chamando nós mesmos, pedindo ao nosso eu superior para acender as luzes e inundar esses espaços escuros dentro de nós com profundo amor-próprio, autocuidado e autorrespeito. Quando vivemos acreditando e sentindo que não somos dignos ou merecedores de amor, descobrimos que existem vários desses "quartos escuros" e "pontos cegos" dentro de nós em que não existe autovalorização. Como mencionei antes, frequentemente só percebemos que somos nós quem nos trai quando nos deixamos usar ou explorar.

Se ainda não aprendemos essa lição, então vamos criar deliberadamente todos os dias situações em que convidamos pessoas a entrar em nossas vidas para nos explorar ou nos testar, o que revela nossas feridas que ainda estão sofrendo e esperando para serem resgatadas por nosso cuidado amoroso. Através do nosso desejo por paz, saúde, felicidade e conexão autêntica, a alma nos chama para casa e nos pede para acender as luzes dessas nossas partes, para que possamos afirmar do fundo de nosso ser que não queremos permitir ou criar mais sofrimento para nós mesmos. Quando finalmente fazemos essa afirmação, começa a surgir dentro de nós a coragem para que possamos permanecer fortes e inundar esses espaços, antes escuros, com a compreensão de que sempre merecemos amor, bondade e respeito autênticos.

É útil saber que essas partes de nós mesmos, temporariamente desprovidas de consciência e amor, são as únicas causas das situações em que não nos sentimos valorizados, apreciados ou respeitados por outras pessoas. Quando não nos valorizamos e respeitamos, as pessoas à nossa volta refletem esse tratamento. Se não nos importamos com nós mesmos, nossos sentimentos, nossas necessidades e nossos desejos também não serão importantes para aqueles que nos rodeiam. Quando assumimos o compromisso de iluminar esses espaços privados de amor dentro de nós, somos chamados a respeitar nossos verdadeiros sentimentos em todos os aspectos da nossa vida pessoal e profissional. Esse processo inevitável de recriar o relacionamento interno que mantemos conosco é muitas vezes um dos aspectos mais difíceis da jornada espiritual e de cura contínua, porque exige que nos valorizemos o suficiente para recriar ou deixar para trás todas as situações que não refletem o autorrespeito e o amor-próprio que acabamos de descobrir.

No nível prático, respeitar nós mesmos significa dizer "não" de vez em quando; muitas vezes significa permanecer firmes em nossa verdade, com bondade, respeito e vulnerabilidade, e então enfrentar quaisquer reações que surjam quando não falamos e não agimos apenas para agradar aos outros ou fazê-los felizes. Às vezes, valorizar a si mesmo significa deixar um relacionamento, um emprego ou um determinado lugar, sabendo que integridade, saúde e felicidade são mais importantes que conforto material ou financeiro.

Observei que, quando já sofremos o suficiente e, portanto, estamos prontos para nos valorizar sem comprometer nossas verdades internas por qualquer pessoa ou coisa, a vida e o universo sempre se esforçam para nos ajudar no caminho que nos foi destinado. Podemos não saber exatamente como as circunstâncias se desenrolarão para fornecer o que precisamos para seguir em frente, mas sempre podemos ter certeza de que seremos apoiados no cumprimento do propósito da vida de trazer ao mundo amor, alegria e verdade. As oportunidades, a ajuda emocional, os recursos financeiros e a clareza de que precisamos surgem a cada passo corajoso que damos em direção ao território desconhecido do profundo autorrespeito.

Perguntas práticas

» Em que área e com quem você está se comprometendo e abandonando sua verdade interior neste momento

por amor, aceitação, aprovação, companheirismo, apoio emocional, apoio financeiro, segurança ou proteção?
- » Por que você está abandonando e traindo a si mesmo?
- » Para quem você tem dificuldade de dizer "não"?
- » Quem você sente que deve sempre agradar?
- » Você já se sentiu abandonado por alguém? Se sim, consegue ver como abandonou a si mesmo ou seus sentimentos, suas necessidades e seus desejos de alguma forma no relacionamento? Consegue ver como esse padrão inconsciente provavelmente se repete desde sua infância?
- » Em que parte da sua vida você está se contentando com menos do que sabe que é digno, merecedor ou capaz? Por que está se conformando com isso?
- » O que você quer e precisa, mas está negligenciando?
- » O que você pode fazer no seu dia a dia para respeitar, valorizar e amar a si mesmo de forma consistente?

Afirmações-chave

- » Não preciso me comprometer por amor.
- » Posso dizer "não" e respeitar o que sinto, preciso e quero.
- » Não preciso ser mais, fazer mais ou ter mais para que os outros me amem.
- » Eu sou digno de amor do jeito que sou.
- » Sou suficiente. Não falta nada em mim.
- » Mereço ser respeitado, valorizado e reconhecido.
- » Eu sou digno e merecedor de amor.
- » Não vou me contentar com menos do que sou digno, merecedor ou capaz.
- » Não vou me abandonar ou me trair nunca mais.

CAPÍTULO 7

Seja você mesmo

Alguns pensam que aguentar firme os faz fortes, mas às vezes é desistir.

— Hermann Hesse

> Onde quer que esteja, inspire devagar e profundamente, levando o ar até a barriga. É importante que neste momento você foque a atenção em si mesmo. Sinta todo o seu corpo, dos pés ao topo da cabeça, e depois até a ponta dos dedos. Livre sua mente de pensamentos intrusos. Relaxe qualquer tensão e deixe-se ser. Usando cada inspiração para abrir o corpo e criar espaço interior, dê boas-vindas a tudo o que está pensando, sentindo e experimentando aqui neste momento. Na expiração, imagine todas suas dificuldades indo embora. Esteja presente no seu corpo e na sua respiração.

Se você parasse de fingir ser algo ou alguém que não é, ou de sentir diferente do que se sente, o que aconteceria? Se deixasse sua máscara de lado e pudesse mostrar ao mundo quem você realmente é, quem conheceríamos? Se pudesse parar de tentar se encaixar ou querer agradar a seus pais, seus amigos, seu parceiro ou quem quer que seja o detentor da aprovação, do elogio ou do amor que você procura, o que você realmente diria? Aonde você arriscaria chegar? O que seria capaz de fazer e deixar de fazer? Se permitisse que o mundo visse sua escuridão e sua luz, sua vulnerabilidade e sua força, sentiria medo de acabar sozinho? Mas, espere um pouco, você já não está sozinho quando se sente incompreendido ou incapaz de expressar o que realmente pensa e sente?

É irônico que nós, como seres humanos, tenhamos inevitavelmente que perguntar: "Como consigo ser eu mesmo"? Pode-se presumir que é uma tarefa fácil e natural ser quem somos, mas muitos se desconectaram tanto de seu verdadeiro eu que agora o oposto parece ser verdadeiro. Ou seja, parece que é muito difícil ser você mesmo. Parece mais fácil ser alguma coisa por outra pessoa, ou agradar aos outros, ou se encaixar em algum lugar, em vez de correr o risco de se destacar ou ser julgado.

Torna-se então prático e lógico fazer perguntas do tipo: "Quem sou eu?" Quem é você? Você é seu corpo? Você é sua mente? Você define seus pensamentos? Você se considera suas emoções? Você é a imagem que vê em sua mente ou é a lista de crenças que compõem o tecido de sua identidade? Você é o seu passado ou a história que conta para descrever como chegou até onde está hoje? Você é o seu futuro? Ou você é a pessoa que imagina se tornar, ou sonha ser? Verdadeiramente quem é você?

Na minha experiência, se você quer ser verdadeiramente feliz, é crucial que faça essas perguntas e as responda por si mesmo, em vez de aceitar minha palavra ou a de qualquer outra pessoa. O que posso compartilhar, na esperança de que possa ajudá-lo a encontrar o próprio conhecimento interior, são as respostas que encontrei ao fazer essas perguntas para mim.

Aqui também é importante afirmar novamente que as palavras nunca podem fazer jus à verdade. Nossa comunicação, nossas palavras são a melhor tentativa de transmitir o que sentimos e experimentamos, isso é um fato; no entanto, nossas emoções e nossa experiência vão, em última análise e sempre, muito além das palavras.

É preciso saber que as palavras não são a verdade em si. Elas são como setas ou placas de sinalização que apontam para a compreensão de uma determinada experiência ou um determinado aspecto do ser humano. Elas formam um mapa, que pode descrever com muita precisão o terreno, mas não é o terreno propriamente dito.

Em minha busca para entender quem realmente sou neste mundo, usando a linguagem com a maior precisão possível, cheguei às seguintes conclusões. Isso pode parecer infundado, mas seja paciente, porque pretendo desde as verdades universais sobre quem somos até aos fatos práticos sobre como sermos nós mesmos.

1. Eu sou; no sentido de que eu existo, como um agregado do meu eu não físico e físico. Isso inclui o corpo, a mente pensante, as emoções que experimento no coração e no corpo, a respiração e o oxigênio que enchem meus pulmões, e a energia vital que anima meu ser físico com vitalidade, personalidade e consciência. No entanto, no fim das contas, todos esses são apenas atributos de um todo, que é quem eu sou, além de palavras, divisões, conceitos ou caixas. Um excelente exemplo disso é uma árvore, que tem folhas, galhos

e às vezes frutos, mas que normalmente chamamos apenas de árvore. Porém, mais uma vez, tenha em mente que a palavra *árvore*, embora todos saibam a que me refiro ao usá-la, ainda não é a mesma coisa que ver, tocar, cheirar ou sentar-se debaixo de uma árvore real. Também não temos a menor ideia de como a árvore experimenta a si mesma.

2. Eu sou parte do universo: da energia (átomos), da matéria, das formas de vida e da natureza. Sou parte dos objetos inanimados e do espaço.

3. Eu sou parte da inteligência e da consciência criativa, que originaram e sustentam a existência do universo (às vezes chamadas de Deus, dependendo do sistema de crenças).

4. Eu sou infinito, imortal e eterno, pois meu ser é composto de energia e consciência que não podem ser criadas ou destruídas. Em outras palavras, eu nunca nasci de verdade, nem nunca vou morrer. Apenas tomei a forma de um ser humano em um determinado ponto no espaço-tempo, e não tenho ideia de que forma tomarei no futuro, quando meu eu físico parar de funcionar e retornar ao pó. A única coisa que sei é que voltarei ao vasto oceano de energia que compõe o universo em suas formas físicas e não físicas.

Algumas pessoas gostam e até preferem usar as palavras *alma* e *espírito* ao descrever esse aspecto atemporal de nós mesmos. Também gosto dessas palavras, mas elas não são necessárias quando o assunto é descrever quem eu sou e quem você é.

A partir dessa perspectiva, porém, o universo é a alma de Deus, ou tudo e todos dentro do universo são a alma do universo se desdobrando em diferentes formas. Isso significa que a alma e o espírito são parte da alma do universo ou de Deus.

Particularmente, eu adoro essa metáfora e essa perspectiva, mas, mais uma vez, não é necessário acreditar nisso para ser você mesmo e para ser feliz.

5. Eu sou amor, na medida em que me sinto mais vivo, melhor e mais igual a mim mesmo quando estou em estado de amor, pelo qual posso dar e receber amor livremente, sem medo. Também me sinto mais eu mesmo quando estou envolvido em atividades que amo profundamente e trazem à tona minha essência, que é o amor que é feliz, fazendo e sendo ele mesmo.

Em termos práticos, ser nós mesmos, ou ser você mesmo, implica muito mais do que simplesmente entender de maneira conceitual nossa verdadeira natureza e essência. Implica você se tornar autoconsciente o suficiente para se expressar de maneira natural e eficaz, comunicando suas mais sinceras emoções, suas necessidades e seus desejos diariamente, em vez de tentar escondê-los, negá-los, rejeitá-los ou internalizá-los.

A maioria das pessoas tem dificuldades com essa etapa, principalmente porque nunca fomos incentivados a tomar consciência de nossa vida emocional quando criança.

Isso quer dizer que crescemos com as emoções reprimidas, sem ninguém para nos ajudar a entender ou processar o que estávamos sentindo, porque nossos pais e nossos cuidadores enfrentavam essa mesma falta de autoconsciência emocional.

Essa dinâmica resulta em adultos que não têm consciência do que estão sentindo, o que se traduz em não saber expressar essas emoções, muito menos comunicá-las de forma eficaz e de maneira não violenta. Em outras palavras, antes de conseguirmos expressar nossas emoções com clareza, temos que ter consciência do que estamos sentindo neste exato momento, o que não acontece com a maioria das pessoas.

Em vez disso, estamos presos na nossa mente, pensando, analisando, julgando ou criticando algo ou alguém — ou seja, os aspectos defensivos de nossa personalidade, que se desenvolveram para nos proteger na infância, ainda estão muito ativos.

Não importa a idade ou o momento da vida, a maioria das pessoas ainda deseja, mesmo que de forma inconsciente, manter-se protegida, tanto de ser ferida no presente quanto de sentir a dor armazenada do passado.

Isso torna mais fácil enxergar como e por que tantos de nós estão em busca de sermos nós mesmos e, consequentemente, de sermos felizes, porque, para conseguirmos sermos nós mesmos, precisamos ser totalmente verdadeiros conosco. Ser verdadeiros conosco significa que temos que falar e agir com base no que realmente sentimos, ser honestos e reais em cada situação.

O problema é que, quando não sabemos o que estamos sentindo, não podemos nem conseguimos expressar esse sentimento e, portanto, não podemos ser nós mesmos de forma plena e genuína.

Porém, quando tomamos consciência do que se passa em nosso interior, quando entendemos nossas necessidades e nossos desejos no aqui e agora, podemos respeitar quem realmente somos e aprender a expressar nossas verdades interiores com clareza e bondade.

CAPÍTULO 8

Expresse-se com clareza e gentileza

Seja quem você é e diga o que sente, porque aqueles que se incomodam não importam e aqueles que importam não se incomodam.

— **Dr. Seuss**

> Onde quer que esteja, inspire devagar e profundamente, levando o ar até a barriga. É importante que neste momento você foque a atenção em si mesmo. Sinta todo o seu corpo, dos pés ao topo da cabeça, e depois até a ponta dos dedos. Livre sua mente de pensamentos intrusos. Relaxe qualquer tensão e deixe-se ser. Usando cada inspiração para abrir o corpo e criar espaço interior, dê boas-vindas a tudo o que está pensando, sentindo e experimentando aqui neste momento. Na expiração, imagine todas suas dificuldades indo embora. Esteja presente no seu corpo e na sua respiração.

Além do medo de perder o amor, muitos de nós desenvolvemos um padrão de internalização das emoções, porque parecia não fazer diferença para ninguém se falávamos ou não. Alguns simplesmente desistiram muito antes de estarem equipados com as ferramentas e a linguagem para se expressarem de maneira eficiente.

Em reação às primeiras experiências, a maioria passou toda a vida adulta repetindo padrões infantis de relacionamento com as pessoas à sua volta. Para muitos no presente, parece que ninguém se importa com o que pensamos ou sentimos, quando, na realidade, nunca aprendemos a nos expressar com clareza.

Embora, na maioria das vezes, não estejamos cientes disso, as pessoas que fazem parte de nossa vida enfrentam exatamente os mesmos problemas para se expressarem, porque também nunca aprenderam a fazer isso de uma maneira saudável.

Por isso, se quisermos que nossos sentimentos, nossas necessidades e nossos sonhos sejam importantes para as pessoas na nossa vida, essas realidades internas devem importar primeiro para nós, independentemente de como são recebidas. Temos que valorizar tudo que surge dentro de nós, antes de podermos atrair pessoas que queiram nos entender e conhecer profundamente.

Não importa em que estágio da vida estejamos, internalizar o que pensamos, sentimos, queremos e precisamos a qualquer momento por medo ou por simples desconhecimento é um dos padrões mais autodestrutivos que mantemos.

Como já vimos, a internalização de sentimentos é a causa da depressão e da maioria das doenças físicas. Para manter um fluxo saudável e equilibrado de energia, sangue e emoção no corpo, temos que aprender a acolher tudo que pensamos e sentimos, para depois nos expressarmos conscientemente com responsabilidade pessoal.

Se quisermos nos sentir bem, aproveitar a vida e cumprir nosso propósito, temos que aprender a nos expressar sem permitir que o medo de perder o amor, de ser julgado e de aborrecer os outros nos impeça.

Mesmo quando ficamos confusos ou inseguros a respeito de como nos sentimos, ainda é melhor nos abrir e comunicar nossos sentimentos, porque é apenas quando nos expressando que encontramos a clareza e a compreensão necessárias para seguir em frente.

Como uma torneira enferrujada que não é usada há muito tempo, temos que liberar os bloqueios e as energias paradas nos canais de expressão antes de podermos comunicar de forma consistente nossos pensamentos e sentimentos.

> Levante as palavras, não a voz. É a chuva que faz crescer as flores, não o trovão.
>
> — **Rumi**

Aprender a se expressar plenamente também implica assumir responsabilidade pela nossa reação quando sentimos que não estamos sendo ouvidos. Muitos tendem a gritar e a berrar quando sentem que o que estão dizendo ou tentando comunicar não é valorizado.

Quando desejamos, do fundo do corção, cultivar profundo amor-próprio e autorrespeito, nos deparamos com a tarefa de aprender a expressar o que pensamos e sentimos de maneira não violenta e não agressiva. Essa empreitada representa um profundo desafio para muitos que cresceram com pessoas que usavam reações de raiva e manipulação emocional para controlar várias situações e, assim, evitar a responsabilidade pessoal.

Aprender a ser responsável pelo o que pensamos e sentimos, ao mesmo tempo que nos expressamos com consciência, respeito e bondade, pode ser uma das lições mais difíceis que a vida nos ensina, especialmente porque tendemos a assumir na vida os mesmos padrões inconscientes de manipulação que testemunhamos na infância.

O que é crucial entender aqui é que por trás de todos os momentos em que sentimos a necessidade de gritar ou berrar para sermos ouvidos, e por trás de todos os momentos em que vimos pessoas importantes para nós gritarem ou berrarem para se fazerem ouvir, estamos todos sofrendo, e nunca aprendemos conscientemente a expressar realmente o que sentimos.

Reações de raiva e os comportamentos agressivos resultantes delas são apenas formas inconscientes de nos protegermos da dor emocional ocasionada no passado, que nunca nos sentimos seguros o suficiente para sentir e expressar.

Para piorar a situação, além de nunca aprender a se expressar de maneira gentil e responsável, a maioria das pessoas aprendeu uma maneira de falar com os outros que é agressiva e cheia de culpa.

Em vez de aprender a dizer respeitosamente "eu penso", "eu sinto", "eu quero" ou "eu preciso" disso e daquilo, aprendemos a apontar o dedo para os outros e dizer coisas como "você" isso, ou "você" aquilo, ou "você é um...", ou "você nunca..." etc. Aprendemos uma forma de comunicação muito eficiente para gerar mágoa, defesa e separação, em vez de comunicação aberta, com confiança, compreensão, respeito e conexão profunda.

O resultado desse ciclo doloroso que vem sendo passado de geração a geração são pessoas gritando constantemente para serem ouvidas, valorizadas, respeitadas e amadas. No entanto, há uma solução muito simples para esse problema antigo.

Temos apenas que admitir que não só somos cem por cento responsáveis pelo que pensamos e sentimos, como também somos 100% responsáveis por valorizar esses pensamentos e sentimentos, nos expressando com honestidade, bondade e respeito. Se pudermos aceitar que, por trás de todas as nossas reações emocionais de raiva, verbalizadas e pensadas, há uma parte de nós que está sofrendo e, portanto, nos protegendo de mais dor, podemos finalmente nos permitir curar feridas emocionais e psíquicas.

Por trás de cada grito dado e comunicação agressiva, existe um menino ou uma menina que implora pelo amor incondicional e pelo apoio da mãe e/ou do pai. Quando vemos nós mesmos e os outros sob essa luz penetrante, é impossível não abrirmos o coração e nos expressarmos de maneira gentil e sensível, que leva à cura, à felicidade e à conexão, em vez de provocar ainda mais dor e sentimentos de isolamento.

Independentemente de quanto abuso ou agressão verbal tenhamos testemunhado ou participado, no fundo, todos queremos nos expressar de forma clara e amorosa para nos sentirmos ouvidos, validados e respeitados.

Todos queremos sentir que as pessoas que fazem parte de nossa vida se importam o suficiente conosco para quererem entender profundamente nosso coração e nossa alma. Ninguém quer se sentir errado ou ser criticado o tempo todo. O que a maioria não percebe — e, portanto, não assume como sua responsabilidade — é que nós mesmos temos que nos cuidar o suficiente para valorizar, respeitar e expressar o que estamos realmente sentindo antes de criar ou atrair relacionamentos que correspondam ao que desejamos.

Temos que parar de nos enganar e ouvir as verdades mais sutis e assustadoras do nosso coração, porque essa é a única maneira de estarmos conectados a nós mesmos, o que é um pré-requisito para estarmos conectados a outros seres humanos de maneira saudável.

•••

Em resumo, quando internalizamos o que sentimos, nos fragmentamos e nos desligamos da fonte daquilo que estamos buscando. O resultado direto e imediato disso é sentir que não somos bons o bastante ou de que somos insuficientes em algum aspecto.

Nosso corpo é como uma imensa mangueira conectada ao oceano, mas que ficou dobrada e enroscada, interrompendo gravemente o fluxo e fazendo parecer que falta água. Mas a verdade é que, depois de anos sem nos expressarmos, obstruímos e embaralhamos a conexão com a fonte de tudo que precisamos.

Felizmente, assim que rompemos a barragem e começamos a falar nossa verdade com bondade e de forma amorosa, começamos a nos sentir inteiros e dignos de amor. Estamos finalmente nos permitindo ser nosso eu autêntico, o principal ingrediente para uma cura, uma saúde e uma felicidade profundas.

Quando enfrentamos nossos medos e passamos a falar de maneira gentil e honesta em cada situação, começamos a preencher a lacuna na percepção entre o eu pequeno e inseguro e o eu verdadeiro e confiante que sabe quem somos e por que nascemos.

Embora possa parecer uma coisa absurda, descobri que cada palavra dita a partir da verdade e do amor, do coração e pela boca, é um fator primordial para gerar a energia e a imunidade necessárias para encontrarmos a cura interior.

É como um bálsamo que nos conserta e nos fortalece de dentro para fora.

A autoexpressão autêntica é uma manifestação de saúde interior e inteligência emocional, e é esse modo de ser que nos ajuda primeiro pessoalmente, e depois se expande para ajudar nossos entes queridos e o mundo.

Perguntas práticas

» Em que área e com quem nesse momento da sua vida você tem dificuldades para expressar o que pensa, sente, quer e precisa?

» Em que área da sua vida e com quem no passado você teve dificuldades para expressar o que pensa, sente, quer e precisa?

» Com quem você tem medo de ser honesto hoje?

» Você tem medo de incomodar, machucar essas pessoas ou perder o amor e o apoio delas?

» O que você está sentindo neste momento em seu corpo?

» O que você realmente quer em sua vida agora, tanto interna quanto externamente?

» De que você precisa agora?

» Você tem alguma pessoa com quem pode compartilhar isso?

» Se não tem ninguém, você consegue escrever sobre isso?

Afirmações-chave

» Expresso minha verdade e acredito que tudo ficará bem.

» Eu me perdoo por não conseguir me expressar no passado.

» Não preciso ter medo do castigo. Não sou mais uma criança.

» Expressar minhas emoções é o caminho para a saúde, a felicidade e a realização.

» Expresso minhas necessidades e meus desejos com amor, respeito e consciência.

» O que eu sinto, preciso e quero são coisas muito importantes.

Prática adicional para autoexpressão

Quando tiver tempo, faça um favor a si mesmo e escreva cartas para as pessoas em sua vida, tanto do passado quanto do presente, com as quais nunca se expressou de maneira completa.

Escrever, em especial, uma carta para sua mãe e outra para seu pai é extremamente curativo e libertador. Outras pessoas significativas incluem: filhos, parceiros, cônjuges, ex-companheiros, irmãos e amigos.

No início, escreva cada carta como se não fosse entregá-la à pessoa, dessa forma você consegue ser totalmente honesto com si mesmo sobre seus sentimentos, fazendo com que não esconda nada, não esconda palavra alguma.

Tenha em mente que não é um problema, mas uma coisa saudável, expressar sua raiva enquanto escreve, porque é melhor liberar essa energia do que mantê-la guardada dentro de você. Mais tarde ou um tempo depois, se quiser enviar ou entregar uma carta a uma ou a todas essas pessoas importantes, você pode escrever uma versão usando expressões mais gentis, caso tenha sido reativo.

Se houver alguma pessoa que já faleceu com quem você (1) nunca teve a oportunidade de se despedir ou então concluir um assunto ou mesmo (2) simplesmente sente saudade e quer compartilhar coisas, aproveite a oportunidade para escrever para ela também.

CAPÍTULO 9

Renda-se e supere qualquer dificuldade

Quando você se rende ao que é e assim se torna totalmente presente, o passado deixa de ter poder. O reino do ser, que havia sido obscurecido pela mente, então se abre. De repente, uma grande quietude surge dentro de você, uma insondável sensação de paz. E dentro dessa paz há uma grande alegria. E dentro dessa alegria, amor. E no âmago mais íntimo está o sagrado, o imensurável, aquilo que não pode ser nomeado.

— Eckhart Tolle

> Onde quer que esteja, inspire devagar e profundamente, levando o ar até a barriga. É importante que neste momento você foque a atenção em si mesmo. Sinta todo o seu corpo, dos pés ao topo da cabeça, e depois até a ponta dos dedos. Livre sua mente de pensamentos intrusos. Relaxe qualquer tensão e deixe-se ser. Usando cada inspiração para abrir o corpo e criar espaço interior, dê boas-vindas a tudo o que está pensando, sentindo e experimentando aqui neste momento. Na expiração, imagine todas suas dificuldades indo embora. Esteja presente no seu corpo e na sua respiração.

A maior parte do nosso sofrimento e da nossa infelicidade surge quando lutamos contra o que estamos pensando, sentindo ou experimentando no momento presente. É por isso que a maior parte da cura e da felicidade é encontrada quando aceitamos tudo que está acontecendo dentro de nós e ao nosso redor no aqui e agora. Quando paramos de fugir da verdade que tememos, nos tornamos imediatamente capazes de ver os pensamentos, as crenças, as emoções, os hábitos e as situações que não estão fundamentados em um profundo amor e respeito por nós mesmos, só assim podemos transformar e curar esses aspectos de nossa vida. É por isso que aprender a parar, entregar-se e abrir-se para a vida no momento presente é a chave para identificar tudo que estamos permitindo inconscientemente que nos limite ou nos retenha.

Para ser feliz e desfrutar da vida, temos que deixar de lado a resistência a tudo com que não estamos em paz, felizes ou satisfeitos, porque é somente através da completa aceitação interior dessas coisas que podemos redirecionar nossos pensamentos, palavras e ações para criar aquilo que queremos e de que precisamos.

Por trás da batalha interna que travamos com alguém ou alguma coisa, sempre encontraremos o medo de perder o controle, a identidade, o amor e, finalmente, o medo de processar a dor emocional que internalizamos no passado. Em outras palavras, por trás de tudo e todos com que somos reativos e sentimos que, de alguma forma, restringem nossa liberdade interior, nossa paz ou nossa felicidade, estamos mais uma vez apenas nos protegendo de sentir emoções desconfortáveis, assustadoras ou avassaladoras.

Ironicamente, os aspectos da vida que mais nos desafiam sempre representam as coisas às quais estamos mais apegados e, portanto, sem as quais temos medo de viver. De fato, seja qual ou quem for o objeto desse apego, a que nos agarramos em detrimento de nós mesmos, ele mostra com clareza que ainda não estamos nos aceitando, nos valorizando ou confiando em nós. Internamente, nos apegamos a crenças limitantes sobre nós e o mundo porque elas nos protegem e nos distraem de enfrentar o que tememos sentir. Isso também vale para nossos padrões de comportamento autodestrutivos e nossos vícios. Por trás de todas nossas reações, obsessões e compulsões habituais, tudo que existe são emoções dolorosas que não nos sentimos seguros para expressar ou processar. Externamente, nos apegamos a pessoas, situações, empregos, dinheiro e bens materiais pelas mesmas razões. Por trás dos apegos no mundo exterior, há sempre os mesmos medos de perder o controle, a identidade, o amor e, em última análise, o medo de enfrentar as emoções desconfortáveis que negamos e reprimimos ao longo da vida.

Por sorte, todos os nossos apegos estão ligados a reações internas que são projetadas de maneira proposital, primeiro para nos proteger, e depois para nos guiar até a liberdade total. Os apegos, e o medo e a insegurança por trás deles, na verdade nos mostram exatamente a que devemos nos render no dia a dia para que possamos deixar de lado o que ou quem ainda permitimos que nos retenha ou drene nossa energia vital, saúde e felicidade.

> Se você entender que todas as coisas mudam, nada vai tentar lhe segurar. Se você não tem medo de morrer, não há nada que não possa realizar.
>
> — Lao Zi

Para nos render totalmente, temos que abandonar a necessidade compulsiva de controlar nós mesmos, outras pessoas e nosso ambiente, o que significa que precisamos superar o medo de nos sentirmos vulneráveis. Por trás da nossa falta de abertura, aceitação e confiança, muitas vezes não queremos reconhecer como realmente nos sentimos, ou não queremos que os outros vejam tudo que somos, em especial aquilo que não amamos em nós mesmos. No fim das contas, não há nada que não sejamos capazes de transformar ou recriar, então, quando nos amamos o suficiente para enfim desistir da luta interior e aceitar a verdade, descobrimos que o amor dentro de nós é forte e pode curar qualquer coisa que tenha sido dolorosa ou assustadora.

Não importa por quanto tempo evitamos abordar um problema específico, sempre chegará o momento em que não poderemos mais fugir dele. Nesses pontos do nosso crescimento pessoal, que podem chegar de forma saudável ou destrutiva, temos que parar de negar o que sentimos e aceitar que tudo que podemos mudar é nossa própria abordagem de nós mesmos e da vida. Quando esses tempos inevitavelmente chegam, somos convocados a parar de tentar controlar o mundo exterior e de mudar outras pessoas. Por meio dessa pressão interior, a vida está nos pedindo para seguir nosso coração, em direção a atividades, situações e relacionamentos que ajudem a nos sentirmos vivos e bem. Em vez de continuar abandonando nossos sentimentos por causa de um desejo autodestrutivo de manter o controle ou evitar as implicações da verdade, somos desafiados a romper as limitações autoimpostas e, finalmente, nos permitir abrir mão, nos soltarmos, aproveitarmos o desconhecido e sermos felizes agora.

> Deus, conceda-me a serenidade para aceitar as coisas que não posso mudar, a coragem para mudar as coisas que posso e a sabedoria para distinguir a diferença.
>
> — Reinhold Niebuhr

Se olharmos para o mundo natural, veremos que ele abre mão de tudo que limita seu potencial de vitalidade e vida. Da mesma forma que, no outono, muitas árvores naturalmente perdem as folhas para dar espaço a um novo crescimento e a uma vida nova, nós também devemos abrir mão de partes nossas, da nossa vida e do nosso passado que não servem mais à nossa evolução e ao nosso prazer de viver.

Como somos parte da natureza, quando finalmente nos valorizamos e nos entregamos à nossa verdade interior, começamos a querer desistir de qualquer coisa ou pessoa que permitimos que nos limite ou detenha.

À medida que aprendemos a nos amar, paramos de nos contentar com a doença, a miséria e os compromissos doentios, e essa dinâmica em desenvolvimento sempre implica abandonar crenças, hábitos, pequenos confortos e situações que não refletem mais nosso verdadeiro eu ou nosso propósito de vida.

Assim como a árvore que é destinada a ser ela mesma e crescer até alcançar uma expressão completa de quem realmente é, nós também somos destinados a nos respeitar para viver a vida como uma expressão completa de quem realmente somos.

> Quando deixo de lado o que sou, me torno
> o que eu poderia ser. Quando desisto do que tenho,
> recebo aquilo de que preciso.
> — Lao Zi

Muitas vezes, abandonar relacionamentos íntimos está entre nossas maiores lições e desafios. Nunca é fácil deixar de lado alguém que você realmente ama. E a mudança costuma ser mais difícil do que queremos admitir. Seja morte, divórcio ou outra forma de separação, tentar seguir em frente traz sofrimento e tristeza pela alegria e conexão que se foram. Ou pela mágoa e pelo mal-entendido não resolvido. Mas não estaríamos à beira de superar tudo isso se não fosse para o nosso bem.

Às vezes, superamos um relacionamento. Às vezes, uma pessoa nos supera. Às vezes, é só a hora de alguém partir. De qualquer forma, somos forçados a acolher aquelas partes de nós que abandonamos, rejeitamos ou negamos em troca de amor, conforto e companheirismo. Somos desafiados a enfrentar o desconhecido e acreditar que é assim que deve ser.

Todos somos solicitados pela vida e pelo universo a voltar a nós mesmos em algum momento, seja pela morte de um relacionamento, seja por nossa morte física. Então, agarrarmo-nos a alguém que nos limita ou se sente limitado por nós só causa dor. No fim, temos que enfrentar nossos medos e nossas inseguranças subjacentes se realmente quisermos ser saudáveis, felizes e livres.

Na minha vida pessoal, bem como na profissional, descobri que existe apenas uma abordagem eficaz para abrir mão de situações e relacionamentos que não são mais bons para nós. Essa abordagem, muitas vezes esquecida, envolve ser claro e objetivo sobre o que realmente queremos na vida no momento presente, expressar isso para o universo e avançar na direção disso, enquanto colocamos nosso tempo e nossa energia naquilo que nos faz sentir bem e vivos todos os dias. Temos que treinar para escolher atividades e relacionamentos em que possamos ser plenamente nós mesmos, no lugar daqueles nos quais nos sentimos comprometidos ou obrigados a agradar.

À medida que você se acostuma a se concentrar em coisas que o fazem se sentir bem todos os dias, você naturalmente se afasta de qualquer pessoa ou coisa que não seja saudável. As pessoas destinadas a estar em seu caminho vão chegar de maneira orgânica, enquanto as que limitam, não conhecem ou não valorizam você serão deixadas para trás.

Através desse processo, toda emoção não resolvida, crença limitante e situação incompleta que precisa ser transformada virá à tona para ser resolvida na hora certa. Nossa única tarefa é sentir tudo que está presente, independentemente de quanto seja doloroso ou assustador, e então fazer uma escolha consciente de falar e agir com honestidade, bondade e respeito com base na verdade e no instinto do nosso coração.

Quando a culpa surge, é uma oportunidade de abordá-la de forma consciente e ver com que frequência ela nos impede de sermos autênticos e fiéis a nós mesmos. Já que você é a única pessoa que pode se permitir viver plenamente antes que chegue a hora de deixar seu corpo nesta vida, só você pode se permitir deixar de lado a culpa e aproveitar os momentos, mesmo que outras pessoas próximas ainda estejam enfrentando alguma dificuldade.

Agora que sabe disso, você acha que está pronto para parar de se enganar por querer ser feliz e aceitar que não tem problema em aproveitar seus preciosos dias, antes de ser forçado a abrir mão de tudo e de todos?

Perguntas práticas

» Em quais situações e relacionamentos você se vê reagindo constantemente?

» Com quais pessoas e ambientes você tem dificuldades de lidar e, portanto, evita?

» Você consegue permanecer centrado, presente e não reativo nessas situações, respirando devagar e profundamente?
» A quem ou a que situação você está apegado e sabe intuitivamente que impede seu desenvolvimento?
» Por que você tem medo de seguir em frente e abrir mão dessa pessoa, dessa situação ou dessa coisa?
» Quem em sua vida você tenta controlar? Seu parceiro, seu cônjuge? Seus filhos, seus pais? Você tem medo de que eles o abandonem ou o machuquem se permitir que eles façam o que quiserem?
» Por que você está com medo?
» Por quem você se sente controlado ou dominado em sua vida? Tem medo de perder o amor dessa pessoa, aborrecê-la ou ser abandonado por ela?
» Você é apegado aos seus bens materiais?
» Tem medo de perder algum objeto que "possui"? Se sim, por quê?
» Você se identifica com seus bens materiais?
» Você acha que eles definem quem você é?
» Você pode citar alguma crença ou história que conta a si mesmo e sabe que o limita e o impede de se desenvolver na vida?

Afirmações-chave

» Estou disposto a deixar de lado minha necessidade de controlar a vida.
» Todo controle é uma ilusão.
» Estou disposto a desistir da minha luta interior. Já sofri bastante.
» Não tem problema em desistir e ter paz.

» Não tem problema em desacelerar e parar. Não preciso estar ocupado o tempo todo.
» Minhas posses não podem me definir, não me definem nem nunca me definirão.
» Eu enfrento meus medos e sigo em frente de qualquer maneira.
» Eu estou bem, e vou ficar bem.
» Eu faço parte da vida. Tudo está contribuindo para minha cura e meu crescimento.
» [Seu nome], supere, supere, supere.

CAPÍTULO 10

Autorrespeito profundo

Quando você pensa que tudo é culpa de outra pessoa, vai sofrer muito. Quando perceber que tudo parte apenas de você mesmo, vai aprender tanto a paz quanto a alegria.

— Tenzin Gyatso, 14º Dalai-Lama

> Onde quer que esteja, inspire devagar e profundamente, levando o ar até a barriga. É importante que neste momento você foque a atenção em si mesmo. Sinta todo o seu corpo, dos pés ao topo da cabeça, e depois até a ponta dos dedos. Livre sua mente de pensamentos intrusos. Relaxe qualquer tensão e deixe-se ser. Usando cada inspiração para abrir o corpo e criar espaço interior, dê boas-vindas a tudo o que está pensando, sentindo e experimentando aqui neste momento. Na expiração, imagine todas suas dificuldades indo embora. Esteja presente no seu corpo e na sua respiração.

Aprendi que podemos escolher entre sentir pena de nós mesmos e nos respeitar. Mas não podemos ter as duas coisas. Acho que é seguro presumir que todos escolheríamos a dignidade à vitimização ou à autopiedade, se soubéssemos como fazer isso. A maioria nunca aprende que, ao culpar outras pessoas ou circunstâncias pelos nossos sentimentos ou pela vida que criamos, estamos abrindo mão do nosso poder pessoal de encontrar paz profunda, felicidade e amor verdadeiros. Se quisermos sinceramente nos libertar do sofrimento e criar uma vida plena da qual possamos desfrutar, cada um de nós tem que aceitar 100% de responsabilidade por sua vida.

Se você está ciente de que coloca a culpa fora de si mesmo por qualquer motivo, ou às vezes se faz de vítima com certas pessoas ou em certas situações, saiba que não está sozinho. Todos fazemos isso. Todos fizemos, ou ainda fazemos, papel de vítima algumas vezes na vida, porque é a maneira mais comum que aprendemos para conseguir o que queremos e precisamos, tanto da vida quanto de outras pessoas. Se você imaginar uma criança pequena que chora, faz birra ou beicinho para chamar a atenção dos pais, ou para conseguir o que quer e precisa, vai ter um exemplo perfeito do que quero dizer. Agora, considere — e abra a mente para aceitar — que essa mesma criança ainda esteja viva dentro de você, levando-o a reagir e bancar a vítima na vida, como quase todo mundo no planeta, inclusive eu.

Se formos honestos com nós mesmos, veremos como às vezes reclamamos ou culpamos pessoas e fatores externos pela mágoa, infelicidade e insatisfação que sentimos em relação às nossas circunstâncias de vida atuais. Essa mentalidade de vítima em que tantos vivem é um dos padrões de crença mais autodestrutivos e autossabotadores que precisamos transformar para nos respeitarmos e sermos felizes. O modo de vida "coitado de mim", em que muitos estão presos, nos mantém presos até certo ponto nas situações e nos relacionamentos em que nos sentimos magoados e vitimizados. Se realmente quisermos encontrar paz duradoura, temos que parar de acreditar que somos, ou já fomos, a vítima em qualquer situação ou relacionamento. A verdade é que, ainda muito novos, a maior parte de nós aprendeu que, se fizesse papel de vítima, expressasse mágoa ou culpasse outras pessoas, poderia conseguir o que queria e precisava, principalmente com nossos pais. Para sobreviver, todos aprendemos que, fazendo outras pessoas se sentirem mal, culpadas ou com pena de nós, podemos manipular nosso mundo e, assim, receber a energia, o amor, a atenção e o apoio de que precisamos em um determinado ponto de nosso crescimento e nossa evolução. Simplesmente não sabíamos o que estávamos fazendo.

Mas, a partir deste momento, sabemos. E uma vez cientes dessa dinâmica, não podemos mais voltar atrás — especialmente quando queremos estar bem ou cumprir nosso propósito de vida. Em cada momento do dia, ou estamos inconscientemente canalizando energia para culpar outras pessoas e circunstâncias fora de nós mesmos, ou estamos conscientemente canalizando energia para criar uma vida saudável, feliz e gratificante. Se quisermos estar felizes no nível pessoal e profissional, temos que parar de culpar outras pessoas, fatores e circunstâncias fora de nós mesmos pelos nossos sentimentos e pela nossa vida. Não importa se parece um sonho celestial ou um pesadelo infernal, nossa vida é, e sempre será, uma criação só nossa.

Mesmo em situações em que sofremos abuso, seja ele físico, sexual ou verbal, é crucial "encontrar a luz" em algum momento e procurar o propósito ou a lição que o trauma ou a dor nos deu. Em certas circunstâncias, isso pode ser bem difícil; no entanto, em algum momento, é do nosso interesse parar de culpar os outros, assim como a nós mesmos, para podermos seguir em frente e sermos verdadeiramente felizes. Para isso, temos que superar todas as formas de culpa e expandir nossa percepção sobre o significado de nossas experiências de vida, para que possamos enfim nos defender, nos honrar e nos respeitar de maneiras quase sempre desconhecidas. Independentemente de quanto nos sentimos impotentes no passado, todos somos desafiados a curar a dor e a raiva presentes dentro de nós, para podermos exercitar o perdão e a compaixão por todos os envolvidos e, em seguida, avançar livremente, empoderados e muito mais conscientes.

Como nos diz o velho ditado — *o que não te mata, te fortalece* —, toda experiência de vida, mesmo a mais dolorosa, assustadora ou aparentemente "errada", nos mostra nossa força inerente e nossa capacidade ilimitada para superar qualquer obstáculo que enfrentamos. Não podemos mudar o que aconteceu no passado, mas podemos não permitir que isso nos impeça de sermos felizes e de estarmos bem. Isso não torna corretos comportamentos como abuso físico e sexual, mas usar injustiças passadas como razão para não criar a melhor vida possível neste momento não é saudável para ninguém. Na vida pessoal e profissional, tenho visto muitas pessoas que sofreram os abusos mais extremos recuperar a saúde e a felicidade, aceitando as feridas como experiências importantes que serviram para que elas cumprissem o propósito maior da vida: trazer amor incondicional, compaixão, perdão e sabedoria ao nosso mundo.

> Ninguém nos salva senão nós mesmos. Ninguém é capaz de fazer isso, ninguém tem essa autoridade. Nós mesmos temos que percorrer esse caminho.
>
> — Buda

Não podemos nos amar e respeitar de verdade quando culpamos outras pessoas ou circunstâncias por qualquer razão, porque é impossível nos sentirmos bem com nós mesmos se nos vemos como vítimas. Quando delegamos a culpa, na verdade cedemos nosso poder pessoal, nossa energia e nossa felicidade para quem ou aquilo em que tentamos projetar responsabilidade. Se continuarmos fazendo isso, mesmo que pouco, nos comprometeremos inconscientemente a permanecer presos nas mesmas situações, nas mesmas memórias e nos mesmos padrões autodestrutivos dos quais queremos nos libertar.

A verdade simples é que só podemos encontrar cura, felicidade e autorrespeito na medida em que nos dispomos a ser responsáveis por nossa vida. Em algum momento, temos que reconhecer que nossa vida, como ela se manifesta no mundo exterior, é simplesmente o produto de nossas crenças, pensamentos, emoções, ações e das palavras que dissemos. A vida é, no fim das contas, apenas o resultado acumulado de todas as crenças que já tivemos, todos os pensamentos que já pensamos, todas as emoções que já sentimos, todas as atitudes que já tomamos e todas as palavras que já dissemos em todos os momentos até chegarmos a este momento.

Da mesma maneira, a vida que experimentamos também é inteiramente criação nossa. As crenças, as ideias, as emoções, as ações e as palavras vivas dentro de nós, que estamos expressando para o mundo, são a energia e a vibração com as quais estamos criando e atraindo todas as experiências de vida que virão.

A única maneira de transformar as feridas que continuam a surgir do desrespeito que permitimos é nos responsabilizarmos pelas partes de nossa vida. Isso se faz falando e agindo com honestidade, o que significa que estamos finalmente valorizando o que sentimos, precisamos e queremos, em vez de tentar de forma autodestrutiva fazer alguém nos agradar ou salvar. Ao escolhermos sermos fiéis a nós mesmos todos os dias e, assim, focar naquilo que nos faz sentir vivos e bem, paramos de nos trair e de nos permitirmos ser maltratados, e é assim que evitamos que os sentimentos de autodesprezo e autopiedade destruam nossa vida.

> Não acredito em um destino que recai sobre os homens, como quer que ajam; acredito em um destino que recai sobre eles, a menos que ajam.
>
> — Buda

Ironicamente, as pessoas que tendemos a culpar, ou em cuja presença nos fazemos de vítima, sempre representam os relacionamentos nos quais nos traímos e nos machucamos de alguma forma.

Quando enfim percebemos quanto é autodestrutivo não nos valorizarmos e nos expressarmos em todas as situações, podemos assumir a responsabilidade por nossa própria saúde e felicidade e sermos fiéis a nós mesmos, aconteça o que acontecer. Ninguém quer desperdiçar seus preciosos dias atacando os outros ou se afundando em autopiedade, e é por isso que precisamos entender que somos apenas vítimas de nossos medos. Para que dessa forma, quando o medo surgir, ainda possamos escolher sermos autênticos e não desperdiçar nosso tempo e energia culpando de maneira reativa outras pessoas, ou sentindo pena de nós mesmos.

Podemos aprender a romper com nossos padrões inconscientes de manipulação e a respeitar o que amamos, queremos e precisamos para seguir em frente.

Por meio desse processo, deixamos de esperar que outras pessoas nos façam felizes e percebemos que grande parte da decepção que sentimos em relação aos outros é, na verdade, uma decepção que nós mesmos criamos, resultado de nunca termos aprendido a nos fazer felizes.

Todos aprendemos a nos negligenciar para agradar aos outros, pensando que isso vai trazer felicidade e amor. Em troca, esperamos que os outros se comportem de um jeito que também nos agrade, e quando isso não acontece sentimos mágoa ou raiva, mas esses sentimentos são causados pelos nossos medos e pelo descompasso em nossa consciência emocional, que é o que nos leva a nos rejeitar e a nos prejudicar.

À medida que aprofundamos nossa autoconsciência e, assim, percebemos quando nos sabotamos dessa maneira, ficamos muito mais rápidos em recuperar nossa energia das pessoas e das circunstâncias que culpamos, de que nos sentimos vítimas ou que esperamos que nos fizessem felizes.

Em algum momento, percebemos que birras reativas, comportar-se de maneira agressiva esperando que os outros nos agradem ou tentar fazer com que outras pessoas se sintam mal nunca vão nos dar o que queremos.

Quando paramos de culpar as forças externas pela vida que criamos e assumimos a responsabilidade por tudo que pensamos, sentimos, fazemos e dizemos, finalmente começamos a nos sentir bem com a pessoa que vemos no espelho todos os dias.

Ao falar e agir com bondade e honestidade, mesmo que estejamos assustados, magoados ou confusos, paramos de criar tanto desconforto e tanta vergonha para nós mesmos, e isso nos traz a paz profunda e o autorrespeito que procuramos.

Perguntas práticas

» Em quais situações e relacionamentos você se sente uma vítima?

» Onde e com quem no passado você se sentiu uma vítima?

» Quem e o que você culpa por onde está ou pelo o que está fazendo na vida?

» De quem e do que você reclama constantemente? O que pode fazer para mudar sua abordagem dessa situação ou dessa pessoa?

» Você ainda culpa seus pais, seu parceiro, seu cônjuge, seus filhos ou qualquer outra pessoa por alguma coisa?

» Quem você espera que o salve, o resgate, cuide de você ou te faça feliz?

» Quem você tenta salvar, resgatar, cuidar ou fazer feliz?

» Se você já sofreu abuso físico ou sexual quando criança ou adulto, consegue ver como o trauma pode ter ensinado a importância de (1) defender-se, (2) expressar seus sentimentos, (3) superar o medo, (4) perdoar a si mesmo e (5) perdoar os outros?

» Mais uma vez: com quem você está se traindo ou se machucando?

» De que maneiras está permitindo que o medo faça de você uma vítima?

Afirmações-chave

» Eu não sou uma vítima. Nunca fui e nunca serei.

» Sou 100% responsável por minha vida e por tudo que vivo.

» Sou 100% responsável pela vida que criei.

» Sou 100% responsável pela vida que vivo a partir de hoje.

» Não vou culpar ninguém nem situação alguma nunca mais. Não vou entregar meu poder.

» Não preciso ficar doente para ser amado, apreciado ou reconhecido.

» Tenho tudo de que preciso dentro de mim para criar uma vida gratificante e que amo.

» Não posso salvar ou resgatar ninguém. Eles devem se curar e se realizar sozinhos.

» Ninguém pode me salvar ou me resgatar. Devo me curar e me realizar sozinho.

» Estou pronto para deixar de me culpar. Não tem problema seguir em frente, perdoar e ser feliz.

» Escolhi tudo em minha vida a fim de cumprir o propósito dela.

CAPÍTULO 11

Ame e cure sua criança interior

Em todo homem de verdade está escondida uma criança que quer brincar.

— Friedrich Nietzsche

> Onde quer que esteja, inspire devagar e profundamente, levando o ar até a barriga. É importante que neste momento você foque a atenção em si mesmo. Sinta todo o seu corpo, dos pés ao topo da cabeça, e depois até a ponta dos dedos. Livre sua mente de pensamentos intrusos. Relaxe qualquer tensão e deixe-se ser. Usando cada inspiração para abrir o corpo e criar espaço interior, dê boas-vindas a tudo o que está pensando, sentindo e experimentando aqui neste momento. Na expiração, imagine todas suas dificuldades indo embora. Esteja presente no seu corpo e na sua respiração.

A expressão "criança interior ferida" normalmente se refere à dor emocional que sentimos durante a infância e permanece sem ser curada dentro de nós. A razão para ser ideal abordar esse tópico nesta parte do livro é que as feridas psicológicas e emocionais da infância estão diretamente ligadas às situações e aos relacionamentos que hoje são cheios de vitimização e culpa. Para amar e nos curar completamente, criamos no presente, de maneira inconsciente, experiências que espelham outras do passado, muitas vezes da infância, para que possamos (1) transformar a dor que ainda está armazenada dentro de nós e (2) aprender lições importantes e necessárias para cumprir o propósito da vida e despertar espiritualmente. Se não curamos por completo uma experiência passada, ou um período que foi doloroso ou confuso, acabamos criando no presente situações que trazem de volta para nós as emoções não resolvidas do(s) incidente(s) original(is), para que, em última análise, possamos fazer as pazes com o passado, cuidar melhor de nós mesmos e aproveitar a vida.

A mágoa e a impotência que sempre surgem com os padrões de culpa e vitimização existem para que possamos levar amor e consciência incondicionais para a criança dentro de nós e curar essas feridas do passado profundamente enraizadas. Dando a nós mesmos o amor incondicional que muitos não receberam na infância, podemos, de certa forma, nos tornar os pais esclarecidos que nunca tivemos, sermos pais da nossa própria alma e, assim, transformar quaisquer limitações criadas durante a infância.

Ao usarmos a inteligência inata para revisitar memórias e experiências passadas que foram dolorosas, assustadoras, traumáticas ou desprovidas de amor, podemos preencher esses espaços interiores sombrios com o amor, a compaixão e a crença em nós mesmos de que sempre precisamos para sermos felizes e ficarmos bem.

A psicanálise é, em essência, uma cura através do amor.

— **Sigmund Freud**

Outra maneira de ver o processo de cura de nossa criança interior ferida destaca a relação sutil entre o corpo e o que chamamos de alma. Embora eu acredite que o corpo e a alma não sejam duas coisas separadas, dessa perspectiva em particular, quando encontramos experiências dolorosas, assustadoras ou traumáticas na infância, partes de nós, ou fragmentos da alma, se dissociam e deixam nosso corpo até sentir que é seguro voltar. Nesses casos, a dor psicológica e emocional é, muitas vezes, esmagadora demais para ser sentida e processada, então reprimimos tanto a emoção quanto a memória em alguma parte do corpo. Esse processo empurra fragmentos da alma para o espaço que cerca o corpo (normalmente chamado de corpo energético). A dor emocional avassaladora que muitas vezes sentimos durante a infância fica contida e acumulada de um jeito que preenche tanto os espaços abertos quanto as células que compõem o corpo, forçando partes do eu não físico para fora do corpo até estarmos prontos para curar essas feridas emocionais e incorporar novamente essas partes do nosso verdadeiro eu.

Podemos curar a dor emocional inicial criando um ambiente amoroso e seguro dentro de nós mesmos e de nossa vida agora. Mais especificamente, podemos voltar no tempo e na memória para convidar todo nosso eu, ou toda nossa alma, de volta ao corpo, trazendo a sabedoria da experiência vivida para nossa criança interior. Uma das melhores maneiras de fazer isso é abrir um diálogo entre nosso eu de agora e nosso eu da infância, e as práticas no final deste capítulo o guiarão efetivamente nesse processo. À medida que você avança, lembre-se de que curar a criança interior ferida é um processo que varia de pessoa para pessoa. Para alguns, a vida foi cheia de abusos e traumas, então vai levar um pouco mais de tempo para reintegrar toda a alma de volta ao corpo e à vida. Para outros, a vida não foi tão traumática, então o processo de reintegração de toda a alma não será tão intenso. De qualquer forma, nossa inteligência inata já conhece a melhor abordagem e a mais natural para nossa cura e despertar pessoal.

A vida pode ser vista como a jornada de cura da criança interior ferida e de incorporação de uma forma esclarecida da criança interior, porque à medida que curamos a dor emocional reprimida e dominamos as lições que viemos aprender aqui, não só redescobrimos a inocência, a pureza, a abertura e a vulnerabilidade de uma criança, como também mostramos sabedoria, amor, inteligência e autoconsciência verdadeiros.

Mesmo que nossa infância tenha sido extremamente traumática e dolorosa, ao nos dar o amor que sempre merecemos, ainda podemos nos libertar do sofrimento e aprender a ser felizes agora. Quanto mais atenção amorosa direcionamos para a cura da nossa criança interior, mais cedo trazemos de volta as partes de nós com as quais tínhamos perdido contato, e mais alegre, autêntica e simples se torna nossa vida.

Escrevendo uma carta para sua criança interior

Primeiro passo

» Encontre um lugar tranquilo onde você se sinta seguro para estar aberto e vulnerável.

Segundo passo

» Imagine-se no lugar mais bonito do mundo. Qual é esse lugar para você?

» Onde fica?

» Qual é a sensação de estar lá? Visualize-o, sinta-o e conecte-se a esse lugar.

Terceiro passo

» Imagine-se sentado em alguma parte desse belo lugar, e que seu eu de cinco anos veio sentar-se com você.

» Então, conectando-se ao você de cinco anos, o que você diria ao seu eu mais novo, se tivesse a chance?

» O que ele ou ela precisava saber ou ouvir nessa idade, mas que nunca foi dito?

» Se pudesse voltar no tempo e afirmar qualquer coisa para o seu eu de cinco anos, o que você diria?

Quarto passo

» Depois de dedicar algum tempo a refletir sobre as perguntas anteriores, escreva uma carta para o seu eu de cinco anos. Comece com "Querido [seu nome]", e expresse tudo que diria a si mesmo como uma criança de cinco anos, se tivesse a oportunidade.

» Então, respire algumas vezes devagar e profundamente e permita-se sentir e experimentar por completo o que for verdadeiro para você. Preste atenção a quaisquer memórias que surjam do passado.

Quinto passo

» Repita o terceiro e o quarto passos enquanto se conecta ao seu eu de dez anos, de quinze anos e de vinte anos. Sinta-se à vontade para fazer a mesma coisa com qualquer outra idade, se você se sentir inspirado a isso.

Escrevendo uma carta da sua criança interior

Primeiro passo

» Encontre um lugar tranquilo onde se sinta seguro para estar aberto e vulnerável.

Segundo passo

» Imagine-se no lugar mais bonito do mundo. Qual é esse lugar para você? Onde fica? Qual é a sensação de estar lá? Visualize-o, sinta-o e conecte-se a esse lugar.

Terceiro passo

» Imagine-se sentado em alguma parte desse belo lugar, e que seu eu de cinco anos veio sentar-se com você. Então, conectando-se ao você de cinco anos, pergunte o que ele ou ela gostaria de dizer a você adulto. O que ele ou ela quer que você saiba ou ouça agora em sua vida? Que sabedoria e cura seu eu de cinco anos precisa incentivar no você adulto?

Quarto passo

» Depois de dedicar algum tempo a refletir sobre as perguntas anteriores, escreva uma carta do seu eu de cinco anos para o seu eu adulto. Comece com "Querido [seu nome]", e expresse tudo o que seu eu de cinco anos quer que você, o adulto, saiba, ouça e lembre. Então, respire algumas vezes devagar e profundamente e permita-se sentir e experimentar por completo o que for verdadeiro para você. Preste atenção a quaisquer situações ou relacionamentos que você está sendo orientado a resolver em sua vida agora.

Afirmações-chave

» Sou grato pelas importantes lições de vida que aprendi na infância.

» Minha dor me fez forte e gentil.

» Eu me perdoo por não me defender no passado.

» Eu me perdoo por me comprometer e me abandonar por amor.

» Estou disposto a perdoar qualquer um que me machucou, maltratou ou abusou de mim.

» Eu me perdoo por qualquer abuso ou dor de que não soube me proteger.

» Perdoo a mim mesmo e aos outros por qualquer abuso ou dor que testemunhei.

» Não foi minha culpa. Eu não tenho culpa.

» Eu sou inteligente, capaz, atraente, digno de amor, respeitável e seguro em mim mesmo.

» Não sou mais criança. Não vou mais permitir que meu passado me castigue.

» Eu nasci para desfrutar de uma vida maravilhosa.

» Nasci para me divertir, crescer, aprender, conhecer e amar.

» Pequeno [seu nome], eu te amo.

» Tudo bem ter diversão e alegria em minha vida.

Prática adicional para curar sua criança interior

» Quando tiver tempo, encontre uma foto, ou várias fotos, de você mesmo quando criança. Então, olhe para o "pequeno você" nessas fotos e diga, por exemplo: "[Seu nome], eu te amo. Você merece ser amado do jeito que é. Você é suficiente". Faça isso com quantas fotos quiser. Esse exercício pode ser muito curativo e libertador, se você permitir.

CAPÍTULO 12

O ego não é seu inimigo

Existe um tipo de experiência tão diferente de tudo que o ego pode oferecer, que você nunca mais vai querer encobri-lo ou escondê-lo novamente... O ego tem medo da alegria de espírito, porque, depois que a sentir, você vai remover toda a proteção dele, e vai deixar de investir no medo.

— Helen Schucman,
Um curso em milagres, 1976

> Onde quer que esteja, inspire devagar e profundamente, levando o ar até a barriga. É importante que neste momento você foque a atenção em si mesmo. Sinta todo o seu corpo, dos pés ao topo da cabeça, e depois até a ponta dos dedos. Livre sua mente de pensamentos intrusos. Relaxe qualquer tensão e deixe-se ser. Usando cada inspiração para abrir o corpo e criar espaço interior, dê boas-vindas a tudo o que está pensando, sentindo e experimentando aqui neste momento. Na expiração, imagine todas suas dificuldades indo embora. Esteja presente no seu corpo e na sua respiração.

Ao contrário do que a maioria acredita, o ego não é nosso inimigo. Na verdade, se culparmos essa parte da nossa psique, ficaremos presos no sofrimento. Descobri que todo mundo cria o casulo do ego como um ato de amor-próprio incondicional, para se proteger até estar pronto a incorporar completamente sua verdadeira natureza.

A função primária do ego é proteger o coração e a alma, da mesma forma que o casulo protege a lagarta durante a metamorfose em borboleta. O ego age como guardião até estarmos prontos para superar nossos medos e viver como uma expressão livre e plena de quem realmente somos todos os dias.

O desenvolvimento do ego é uma parte natural do crescimento e da evolução de um indivíduo. Da mesma forma que a lagarta cria um casulo para se proteger durante a transformação em borboleta, nós desenvolvemos o ego para nos proteger durante nossa transformação e nosso despertar. Embora a lagarta crie seu casulo, ela não é o casulo. Assim como criamos nosso ego, mas não somos o ego. Ele é uma forma não física de armadura que construímos mentalmente e podemos superar, se estivermos dispostos a assumir a responsabilidade por isso.

Quando nos amamos incondicionalmente, podemos enfim curar a dor mental, emocional e física de que o ego nos protege. Quando ficamos doentes ou infelizes, o corpo e a mente estão pedindo para derrubarmos as paredes que criamos para sobreviver antes de sabermos nos valorizar e sermos fiéis a nós mesmos. Se quisermos encontrar liberdade e paz interior, temos que abrir a mente para a realidade maior que existe além dos nossos mecanismos de defesa e da necessidade de estarmos certos, sermos melhores que os outros ou aceitos.

•••

Para se libertar das limitações do ego o mais rápido possível, é importante lembrar como e por que criamos essa defesa na nossa personalidade. Como o mundo nem sempre parecia muito seguro quando éramos crianças, criamos intuitivamente uma concha protetora, através da qual podíamos nos relacionar conosco e com a vida. As energias emocionais e psíquicas que nos bombardeavam na infância eram, muitas vezes, demais para sentirmos, processarmos e compreendermos por conta própria e, para nos proteger das energias dolorosas e confusas que encontrávamos todos os dias, criamos o ego. No desejo de se individualizar, cada um de nós se fechou e tentou separar-se mentalmente do mundo exterior, porque sentimos, de maneira instintiva, que isso nos daria algum controle sobre o que estava acontecendo.

A partir de um amor inerente por si mesmo, cada um construiu um casulo psicoenergético do que percebia como segurança e proteção para defender o coração, sabendo que um dia teria a consciência e as habilidades necessárias para valorizar sua sensibilidade e assim se libertar.

Como uma grande parte não tinha em sua vida pessoas que cultivassem a consciência de refletir com amor o que sentíamos na infância, nunca aprendemos a expressar de maneira consciente os pensamentos e as emoções que experimentávamos. Em vez disso, aprendemos a rejeitar, reprimir, negar, evitar e esconder o que sentíamos e pensávamos para sobreviver, o que deu origem à mágoa, à raiva, à vergonha e aos aspectos defensivos da nossa personalidade.

O grau em que nosso ego se desenvolveu inicialmente refletia a quantidade de proteção que, por intuição, sentíamos precisar quando crianças. Assim, a força e a espessura dessa camada protetora da nossa personalidade variam de indivíduo para indivíduo, dependendo de quanto a vida tem sido dolorosa e confusa. Se a família e os ambientes em que crescemos não nos deram suporte para honrar, processar e estar presente ao que sentimos no dia a dia (e a maioria não deu), teremos construído um ego muito mais forte e mais desconectado de nossas emoções. Essa é uma resposta natural a não saber como atender aos nossos sentimentos. Se, por outro lado, crescemos com pais emocionalmente conscientes e presentes, fomos incentivados a compreender e expressar nossas emoções e não precisamos construir paredes tão fortes.

À medida que envelhece, a maioria permanece presa no casulo protetor — especialmente aqueles com grandes egos —, porque nunca aprende a curar a dor emocional não resolvida. Os limites seguros e familiares, muitas vezes, se tornam confortáveis, apenas porque tememos enfrentar as emoções armazenadas em nosso corpo e em inconsciente. Se não acordarmos e nos reconectarmos com nossos verdadeiros sentimentos, necessidades e sonhos quando atingirmos todas as responsabilidades da "idade adulta", muitas vezes continuaremos vivendo desconectados da alma e nos identificando com uma pequena ilusão sobre quem somos. Um número assustadoramente grande de pessoas acaba se contentando com uma existência limitada, porque se libertar implicaria sentir todo o amor e todo o medo que negamos por tanto tempo.

Para a maioria, parece mais fácil continuar vivendo com um pequeno conforto, escondendo-se na familiaridade de um mundo protegido. Depois de ter vivido tanto tempo com o coração fechado para o nosso verdadeiro eu, passamos a nos identificar com a voz limitadora do ego, em vez da alma expansiva que está esperando para se libertar. Desacelerar, tornar-se vulnerável e abandonar os hábitos que nos mantêm seguros pode ser difícil depois de tantos anos desconectados.

> Entrai pela porta estreita; porque largo e espaçoso é o caminho que conduz à perdição. E muitos são os que entram por ele. Estreita, porém, é a porta e apertado o caminho que conduz à Vida. E poucos são os que o encontram.
>
> — Mateus 7,13-14

O pensamento baseado no ego nos faz reagir à vida, fugir constantemente do nosso coração no momento presente para nos proteger de ser vulnerável. Os pensamentos que não param de vir à nossa cabeça são apenas sintomas de emoções e experiências não digeridas que o ego está guardando no momento. Também desenvolvemos esse fluxo tão intenso de pensamento para fugir de qualquer verdade ou dor que nos dê medo.

Esse aspecto protetor de nossa personalidade evita com muita habilidade aquilo que é desconfortável interna e externamente, fabricando com frequência pensamentos sobre o passado e o futuro para impedir que nos sintamos sobrecarregados, inseguros ou sem controle no presente.

Como resultado, muitos permanecem presos na própria cabeça, empacados, reagindo à vida de maneiras que os impedem de encontrar a paz interior, a saúde e a felicidade que desejam. Não temos consciência disso, mas ao negar constantemente toda verdade relacionada à nossa dor psicológica, emocional e física, não apenas criamos mais doença e miséria, como encobrimos a fonte de amor abundante dentro de nós que se destina a curar, realizar e sustentar cada um de nós.

Ao evitarmos o desconforto mental e emocional que internalizamos e de que nos desconectamos ao longo dos anos, começamos a agravar o sofrimento que no início tentávamos evitar. Dessa forma, a proteção do ego, que é necessária até certo ponto, em algum momento começa a criar mais dor além do sofrimento do qual foi criado para nos proteger. Quando nos entorpecemos para esquecer nossas dificuldades internas, não estamos apenas impedindo-as de se curarem, mas também evitando entender o que as causa. Outra analogia que demonstra muito bem o propósito e a função do ego é a de usar analgésicos para aliviar a dor física. Da mesma forma que tomamos um remédio para combate a dor nas costas, o ego nos alivia de sentir uma dor difícil de enfrentar em determinados momentos.

Ao tomar um analgésico para amenizar a dor nas costas, as condições subjacentes que causaram essa dor ainda estarão presentes. Experimentamos um alívio temporário e acreditamos que a dor foi embora, mas na realidade a dor e a sua origem não foram curadas.

A função protetora do ego é muito semelhante. Ele encobre temporariamente a dor para que possamos funcionar e continuar vivendo. No entanto, assim como um analgésico, o alívio que o ego traz é apenas a curto prazo, porque a dor e sua origem ainda não foram curadas. Essa dor, que foi brevemente mascarada, virá à tona de novo e de novo até entendermos sua causa subjacente, a curarmos e, assim, nos libertarmos dela para sempre.

Nessa perspectiva, se tivermos dor crônica nas costas e continuarmos tomando analgésicos regularmente sem lançar um olhar mais profundo para a origem da dor, além de desenvolver uma imunidade à função analgésica e, portanto, precisar de doses mais altas, também começaremos a acumular no corpo a toxicidade de todos os produtos químicos contidos nos analgésicos. Em situações como essa, vivemos sem ter consciência da causa da aflição, e a própria aflição permanece viva. Nosso jeito de controlar a dor, que a princípio parecia solidário e amoroso, acaba se tornando mais uma fonte de sofrimento.

Sob essa luz, podemos dizer a mesma coisa sobre o ego. Criamos o ego de maneira inconsciente para nos proteger. Mas, com o passar do tempo, criamos mais sofrimento para nós mesmos porque, ao nos desconectarmos continuamente da dor, não apenas ignoramos a cura, como evitamos apontar sua fonte. Nossa maneira inicial de administrar as dificuldades psicológicas e emocionais, que antes oferecia um alívio temporário eficiente, só cria mais sofrimento e doença, pois deixamos de transformar as questões subjacentes. Essa dinâmica afasta pessoas que amamos, boas oportunidades e faz o coração se fechar para as coisas que estamos pedindo.

• • •

Para a maioria, só quando o sofrimento se torna tão intenso e grave é que a casca protetora se quebra e nos abrimos para olhar a vida a partir de novas perspectivas. Temos essa tendência a teimar e a manter a mente fechada porque, no passado, sentimos a necessidade de lutar apenas para sobreviver. Mas, agora, para que as muralhas sejam derrubadas, a vida tem que ficar muito difícil, antes de finalmente nos rendermos e mudarmos nosso pensamento, nossos pontos de vista e nossos hábitos.

Muitas vezes, apenas quando somos forçados a enfrentar nossos medos por conta de um colapso ou de um alerta, finalmente abrimos o coração para encontrar nosso caminho na vida e curar os aspectos protetores da nossa personalidade, aspectos que estamos destinados a superar. Seja o catalisador uma doença física, um novo relacionamento íntimo, o término de um relacionamento de longa data, a morte de um ente querido, uma depressão grave, um filho recém-nascido, dificuldades financeiras ou um objetivo importante, sempre vamos chegar a um ponto do nosso crescimento em que o ego se torna limitante e doentio.

Quando esse momento inevitavelmente chega, todos temos a oportunidade de ser vulneráveis, de olhar para a verdade e abrir mão da necessidade inconsciente de controle e separação que não nos serve mais. A criação do ego é, de fato, uma parte necessária e proposital da evolução da alma, porque temos que criar o que percebemos ser um eu separado para cumprir o propósito da vida e aprender a nos amar incondicionalmente. Todos temos que nos proteger até estarmos prontos para abrir mão de todas as limitações autoimpostas.

No entanto, assim como a criação do ego é um passo necessário para lembrar quem somos e aprender a nos amar, libertar-se dele em algum momento também é algo importante e necessário. À medida que alargamos nossa consciência, somos guiados a romper com os mecanismos de defesa baseados no medo, para assim podermos curar todas as emoções desconfortáveis que reprimimos ao longo da vida. Já que todos queremos amar e ser amados, acabamos percebendo em algum momento que nossas muralhas precisam cair para sermos felizes. Temos que superar o medo de deixar os outros entrarem e de permitir que eles vejam nossa escuridão e nossa luz. Se sempre tivermos medo de estabelecer uma conexão íntima e profunda, então continuaremos nos escondendo atrás de uma máscara, fingindo ser alguém que não somos, nos sentindo sozinhos e incompreendidos. Da mesma forma, se continuarmos menosprezando os aspectos de nós mesmos associados ao ego, o autojulgamento, a crítica e a rejeição sutis apenas nos manterão presos e estagnados. Felizmente, uma vez preparados para aceitar o ego por completo, enquanto falamos e agimos de acordo com nossos verdadeiros sentimentos, fica muito mais fácil enfim ser nós mesmos e aproveitar a vida.

CAPÍTULO 13

Entenda seu propósito de vida

Quando eu tinha cinco anos, minha mãe sempre me dizia que a felicidade era a chave da vida. Quando fui para a escola, me perguntaram o que eu queria ser quando crescesse. Eu escrevi "feliz". Eles me disseram que eu não tinha entendido a tarefa, e eu disse que eles não entendiam a vida.

— John Lennon

> Onde quer que esteja, inspire devagar e profundamente, levando o ar até a barriga. É importante que neste momento você foque a atenção em si mesmo. Sinta todo o seu corpo, dos pés ao topo da cabeça, e depois até a ponta dos dedos. Livre sua mente de pensamentos intrusos. Relaxe qualquer tensão e deixe-se ser. Usando cada inspiração para abrir o corpo e criar espaço interior, dê boas-vindas a tudo o que está pensando, sentindo e experimentando aqui neste momento. Na expiração, imagine todas suas dificuldades indo embora. Esteja presente no seu corpo e na sua respiração.

As perguntas "Por que estou aqui?" e "Qual é meu propósito nesse mundo?" estão no centro de toda vida humana. Se realmente quisermos ser felizes, estar bem e em paz, teremos que lembrar com absoluta clareza por que nascemos. Compreender que a vida e todo sofrimento têm um propósito pode ajudá-lo a encontrar forças para persistir em sua jornada de cura espiritual quando você estiver com dificuldades. Tal como acontece com todo ser humano, seu destino é aprender a amar, valorizar e ser fiel a si mesmo, o que então desbloqueia o amor dentro de você e permite que goste de estar vivo.

É útil saber que nossas escolhas, palavras e atitudes em cada momento estão nos levando para mais perto do nosso propósito de vida ou criando mais dor, sofrimento e doença. Todas as experiências que tivemos desde o nascimento até este momento nos ensinaram a aceitar, perdoar, honrar, valorizar, respeitar, expressar, confiar e ser fiéis a nós mesmos, para que possamos enxergar a clareza e a bênção inerentes à nossa verdadeira natureza, e então trazer bondade amorosa ao mundo.

Embora possa parecer impraticável — ou até blasfêmia — afirmar tal coisa, descobri que grande parte de nosso propósito na vida também envolve lembrar que o que costumamos chamar de nosso "eu", nossa "alma" ou nosso "espírito" é, na verdade, Deus se manifestando de uma forma única através do que percebemos como nosso ser físico e não físico.

A partir dessa perspectiva, todos somos uma expressão única da energia atômica e da inteligência universal em forma humana. Você e eu, assim como todas as outras pessoas vivas — independentemente da cor da pele, da crença religiosa, da situação econômica e da origem cultural —, estamos destinados a viver uma vida totalmente consciente, em que entendemos o milagre de nossa existência, bem como nossa união com a natureza, com os outros seres humanos e o universo. Alinharmo-nos ou não com esse aspecto de nosso propósito depende inteiramente de nós como indivíduos, mas o fato é que estamos aqui para romper com todas as limitações autoimpostas, as falsas crenças e os sofrimentos, para podermos ser nós mesmos e desfrutarmos da vida.

> Procurei por Deus, e só encontrei eu mesmo. Procurei por mim mesmo, e só encontrei Deus.
> — **Provérbio sufista**

Mesmo que todos comecemos a procurar a felicidade, o propósito e o amor olhando para fora de nós mesmos, em algum momento percebemos que nenhuma pessoa, situação e relacionamento externo pode nos dar as respostas que estamos procurando. Sempre chegará o momento em que seremos forçados a aceitar que só olhando para dentro de nós mesmos, seguindo os sussurros sutis do nosso coração e da nossa alma e confiando em nossa inteligência inata podemos encontrar a clareza e a sabedoria que estamos explorando. A inteligência universal que se expressa em, como e através de cada um de nós está sempre nos guiando em direção a uma vida mais plena. Então, uma vez que nos comprometemos totalmente a sermos fiéis a nós mesmos dia após dia, podemos nos render à força e ao fluxo da própria vida, que nos leva direto, e com a maior facilidade, para tudo aquilo que realmente queremos e de que precisamos.

> Seu trabalho é descobrir o seu trabalho e, então, se entregar a ele com todo seu coração.
> — **Buda**

Em algum momento, entendemos que somos pioneiros na nossa própria vida, porque ninguém jamais pôde, pode ou poderá ocupar o nosso lugar. Nosso caminho único pela vida é um território inexplorado, o que significa que o destino e o despertar de cada um se desenrola de acordo com o carma, o propósito e o aprendizado interior individuais. A cada momento e a cada respiração, estamos todos traçando nosso próprio caminho para trazer a este mundo o amor que somos. À medida que passamos pela cura e pelo fortalecimento interiores necessários para nos valorizarmos em cada momento e relacionamento, os dons e os talentos únicos que nascemos para compartilhar vêm à tona de forma orgânica, para que possamos criar nossa vida com base nessas profundas verdades internas.

Em um nível muito pessoal, além de saber a importância de criar um relacionamento saudável com si mesmo, baseado em amor incondicional, bondade, respeito e compaixão, ninguém pode lhe dizer exatamente como cumprir o propósito de sua vida. Temos que ouvir a voz sutil do nosso coração e da nossa alma e aprender a seguir essa orientação através dos nossos medos, das nossas dúvidas e das nossas inseguranças mais profundas.

Com o tempo, nossas escolhas e ações são menos motivadas por condicionamentos externos e mais pelo chamado interior da nossa alma, que está sempre nos guiando para mais felicidade, amor e verdade. Ao respeitar o que sentimos, passamos naturalmente a saber, sem dúvida ou confusão, quem somos e por que estamos aqui. Com o tempo, nosso coração se abre e lembramos que apenas o amor importa, e é então que começamos a abrir mão dos aspectos de nossa vida que não são fundamentados em profunda autoestima e respeito, porque finalmente admitimos que essas situações não sustentam nossa saúde, nossa felicidade e nossa capacidade de retribuir à vida. No devido tempo, fica claro que nossas experiências são apenas lições que nos ajudam a aproveitar a vida à medida que aprendemos a amar nós mesmos, os outros e a existência com toda a força do coração.

> No centro do seu ser você tem a resposta; você sabe quem é e o que quer.
> — Lao Zi

Depois de procurar desesperadamente meu propósito, encontrei algumas verdades muito simples cuja compreensão foi libertadora e empoderadora. Como quero que você encontre o que procura o mais rápido possível, é útil saber que seu objetivo envolve:

1. Aproveitar cada dia o máximo que puder e de maneira saudável, em vez de autodestrutiva.
2. Aprender a se amar incondicionalmente em cada momento e relacionamento, o que significa falar e agir com base no que você realmente sente em cada situação, com bondade, atenção e respeito mútuo.
3. Você também tem que purgar ou curar todas as emoções do passado armazenadas em seu corpo: culpa, insegurança, medo, vergonha, raiva, mágoa e tristeza.
4. Amar os outros, dar amor e desfrutar do amor, através de relacionamentos, estando sozinho com a natureza, com os animais e através de qualquer trabalho em que esteja envolvido.
5. Criar o que você quiser a partir do amor, da verdade e da inspiração que sente, seja uma obra de arte,

uma casa, um negócio, uma família, um prato ou eventos. Aqui não existe certo ou errado. Nem bom ou ruim. Não tem melhor que ou menos que. É simplesmente o que você quer e o que o faz se sentir vivo.

6. Quando se trata de fundir o(s) propósito(s) anterior(es) com o trabalho e a vida, se você cumprir os pontos descritos e fizer o que lhe parecer o melhor, o mais autêntico e o mais cheio de vida a cada dia, só vai aceitar empregos/carreira/trabalho que estejam alinhados com quem você é e como se sente.

Tentamos planejar tudo a partir da mente, o que nos coloca em apuros. Tentamos escolher uma vocação no nível do pensamento e mapear nossa vida toda, o que só leva à infelicidade e ao tédio. Deixar de seguir nosso coração é como tentamos manter a ilusão de controle, que é como nos protegemos da dor que associamos à rejeição, ao fracasso, ao julgamento ou ao orgulho perdido.

Se quisermos ser felizes e sentir que nosso trabalho e nossa vida têm propósito e significado, temos que seguir nosso coração todos os dias. Assim, podemos atender às nossas necessidades materiais, físicas e financeiras, e aproveitar a energia de nossa paixão para conquistar completa independência financeira. Todos procuramos nosso propósito no mundo "lá fora", porque nunca aprendemos que somos nós o nosso propósito. Valorizar o milagre da vida, nos libertar do sofrimento e nos conectar com as pessoas que amamos é o motivo de termos nascido. Desfrutar do que nos faz feliz e nos faz sentir bem, respeitando e cuidando do corpo e do coração, é o que nos faz sentir importantes e enxergar o propósito de estarmos vivos. Ter amor por nós mesmos, pelo nosso trabalho e pelos relacionamentos em que nos envolvemos a cada dia é o que faz a vida realmente valer a pena.

Vivemos em uma época em que muitas pessoas valorizam dinheiro, diplomas universitários, bens materiais, aceitação social, ilusão de *status* e atenção da mídia acima de amor, verdade, bondade, significado, paz e conexão autêntica. Portanto, é fácil se perder nas crenças e nos impulsos doentios da sociedade, da mídia, de seus pais ou de seus colegas. Se você não deixar o medo guiar suas decisões, ou impedi-lo de ser fiel ao seu coração, e cuidar bem da sua saúde, sempre terá o que precisa para sobreviver e encontrará tudo de que precisa para prosperar.

> O verdadeiro ou principal propósito de sua vida não pode ser encontrado no exterior. Não se trata do que você faz, mas do que você é — ou seja, seu estado de consciência. Seu propósito interior é despertar. É muito simples. Você compartilha esse propósito com todas as outras pessoas no planeta — porque esse é o propósito da humanidade. Seu propósito interior é uma parte essencial do propósito do todo, do universo e de sua inteligência emergente. Encontrar e viver alinhado com seu propósito interior é a base para cumprir seu propósito exterior. A base para o verdadeiro sucesso. Sem esse alinhamento, você ainda pode alcançar certas coisas com esforço, luta, determinação e puro trabalho duro ou astúcia. Mas não haverá alegria, e isso invariavelmente termina em alguma forma de sofrimento.
>
> — Eckhart Tolle

Perguntas práticas

» Você está feliz e satisfeito com seu trabalho? Se não, por quê?

» Se pudesse fazer todos os dias algo que ama e pelo que é apaixonado, e se sustentar financeiramente fazendo isso, o que você escolheria fazer?

» Quem ou o que você está permitindo que lhe impeça de se concentrar em suas paixões todos os dias?

» Que medos estão prendendo você?

» O conforto material e o dinheiro são mais importantes que sua saúde e sua felicidade?

» Por que você está aqui na Terra?

» Você consegue se lembrar do que sonhava fazer e ser quando era criança? Consegue se lembrar de sua missão nesta vida?

» Você está esperando que seus filhos envelheçam, que seus pais morram ou que seu relacionamento íntimo termine para começar a respeitar suas necessidades e seus desejos verdadeiros? Se sim, por quê?

» Se tivesse apenas um ano de vida, o que você mudaria? Aonde iria e o que faria, experimentaria e realizaria? Quem você perdoaria? A quem recorreria?

» Para quem você se expressaria plenamente?

Afirmações-chave

» Tudo bem ser feliz.

» Não há problema em aproveitar minha vida e meu trabalho todos os dias. Estou destinado a criar uma vida plena e que eu ame.

» Tenho tudo de que preciso para cumprir o propósito da minha vida e libertar minha alma.

» Eu sou amor puro e incondicional.

» Estou exatamente onde preciso estar para aprender a me amar.

» Eu não nasci para sofrer. Estou aqui para amar e para aproveitar minha vida.

» Eu me dou permissão para ser honesto, feliz e estar bem. Agora me dou permissão para fazer o que amo todos os dias.

CAPÍTULO 14

Sinta-se em casa dentro de você mesmo

> É preciso aprender a se amar com um amor sadio, para que se possa suportar estar com si mesmo e não se perder.
>
> — **Friedrich Nietzsche**

> Onde quer que esteja, inspire devagar e profundamente, levando o ar até a barriga. É importante que neste momento você foque a atenção em si mesmo. Sinta todo o seu corpo, dos pés ao topo da cabeça, e depois até a ponta dos dedos. Livre sua mente de pensamentos intrusos. Relaxe qualquer tensão e deixe-se ser. Usando cada inspiração para abrir o corpo e criar espaço interior, dê boas-vindas a tudo o que está pensando, sentindo e experimentando aqui neste momento. Na expiração, imagine todas suas dificuldades indo embora. Esteja presente no seu corpo e na sua respiração.

No fundo, todos queremos nos sentir bem-vindos, acolhidos e aceitos do jeito que somos. Também queremos nos sentir apreciados, simplesmente porque estamos vivos, e não apenas pela forma como agradamos aos outros. Temos o desejo de nos sentir em casa dentro de nós mesmos, porque, quando estamos seguros para ser quem a gente é de verdade, em um lugar em que ninguém nos julgue e que podemos baixar a guarda para sermos vulneráveis, o coração se abre e permite que a paz, a alegria e o amor fluam livremente dentro de nós. Sentir o abraço caloroso do amor incondicional que a maioria associa à ideia de "lar" é como nós, enquanto seres humanos, florescemos e prosperamos. Mesmo que nossas experiências em casa, seja como crianças, seja como adultos, não tenham sido tão amorosas ou calorosas quanto gostaríamos, no fundo sabemos que é possível viver em ambientes acolhedores e cheios de bondade, respeito, aceitação, compreensão e alegria.

Por várias razões, muitos ainda não encontraram, ou criaram, o lar que procuram. O que raramente nos ensinam, e muitas vezes somos incapazes de perceber sozinhos, é que o verdadeiro lar que todos buscamos já existe dentro de nós, logo abaixo das batalhas internas que, inconscientemente, fazemos de tudo ao nosso alcance para evitar. A única razão pela qual não nos sentimos em casa dentro de nós mesmos e, portanto, dentro da nossa própria vida é por estarmos reagindo e tentando escapar das emoções reprimidas que permanecem não resolvidas dentro de nós. Melhor dizendo: a maioria está fugindo da própria vida no aqui e agora porque teme enfrentar os aspectos de si mesmo, da própria vida e de seu passado que ainda não aceitou, perdoou ou aprendeu a amar incondicionalmente.

Independentemente do que voltar para casa, ir para casa ou estar em casa significa para cada um de nós como indivíduos únicos, o lar que procuramos nunca pode ser encontrado fora de nós mesmos. Podemos criar ambientes amorosos e calorosos no mundo exterior, mas eles sempre vão depender e refletir o quanto nos sentimos amorosos e calorosos dentro de nós e em relação a nós mesmos. Às vezes, podemos pensar que encontramos nosso lar em outra pessoa ou em um lugar específico, mas se não nos amarmos, valorizarmos e aceitarmos de todo o coração, em algum momento o fato de não estarmos em paz com nós mesmos sempre ressurgirá, pedindo para ser tratado. É por isso que voltar para a vida no momento presente, momento após momento, dia após dia, é uma das chaves mais importantes para se amar incondicionalmente, transformar o próprio sofrimento e desfrutar da própria vida.

Embora possamos pensar que houve ou haverá um momento mais oportuno, não podemos nos amar e libertar nossa alma em algum passado longínquo ou em alguma fantasia do futuro distante. Só podemos nos amar e, portanto, nos curar e nos libertar aqui neste exato momento criando um ambiente amoroso e seguro dentro do corpo, do coração e da mente. De início pode parecer impraticável focar no presente, mas com o tempo fica claro que uma quantidade significativa de nossa vida, nosso tempo, nossa energia e nosso dinheiro são desperdiçados quando pensamos no futuro e no passado.

> O segredo da saúde tanto da mente quanto do corpo não é lamentar o passado, preocupar-se com o futuro ou antecipar problemas, mas viver o presente com sabedoria e seriedade.
>
> — Buda

Ao vivermos de forma consistente com a consciência focada no que é verdadeiro neste momento, nos capacitamos a iluminar tudo que não é honesto, amoroso e saudável para nós. Com o tempo, somos capazes de identificar os pensamentos e os hábitos autodestrutivos que nos fazem fugir e deixar de cuidar de nós mesmos. Ao escolhermos focar a consciência em como nos sentimos agora, temos o poder de trazer ao fundo do nosso ser uma presença amorosa; a única maneira de transformar o que está sabotando nossa saúde, nossa felicidade e nossa capacidade de nos conectarmos de maneira autêntica. Quando nos relacionamos com nós mesmos, com esse grau de bondade e honestidade, acabamos percebendo que a liberdade interior que buscamos já está disponível aqui neste exato momento. Na medida em que falamos e agimos com base em nossos verdadeiros sentimentos, necessidades e desejos, podemos acessá-la. Além de nos libertarmos dos ciclos viciosos de nos sentirmos retidos pelo passado ou preocupados com o futuro, ao retornarmos à nossa respiração e ao nosso corpo neste exato momento, descobrimos que sempre existiu um oceano de amor, paz, alegria e sabedoria dentro de nós, por trás da ansiedade, da insegurança, do medo, da confusão e da infelicidade que nos torturam.

De uma perspectiva mais ampla, este momento também é o caminho para a força criativa ilimitada do universo que vive e existe através de nós. Em outras palavras, é também neste momento que experimentamos nossa união com a inteligência infinita e amorosa que criou e sustenta toda a vida neste planeta, bem como tudo que existe em todo o universo.

Falando em termos práticos, quando estamos presentes a cada respiração, nossa fonte interior de sabedoria pode se expandir para mais dentro de nós e nos fazer avançar no nosso crescimento pessoal e na nossa evolução espiritual.

Quando abrimos nosso ser para essa fonte de clareza e conhecimento, nos abrimos ao mesmo tempo para todo o campo universal de consciência e energia que permeia tudo o que existe. Esse campo, com o qual estamos unidos, mas para o qual muitas vezes nos fechamos, então flui através de nosso ser, incentivando-nos e iluminando o que devemos transformar, curar e deixar ir para nos sentirmos bem e para que possamos aproveitar nosso dia a dia.

No final de toda disciplina espiritual, uma vez que cada pensamento seguiu seu curso de volta à potencialidade sem forma e ilimitada do qual nasceu, descobrimos que este momento é eternamente a única porta para a paz, a saúde e a conexão amorosa. O sofrimento, a inquietação, a infelicidade e as doenças que experimentamos são apenas uma saudade de casa que nos induz a desacelerar, relaxar e simplesmente aproveitar o milagre da vida hoje.

> Se você se voltar para mim, e observar e estudar cuidadosamente essas impressões que está recebendo a cada momento, se aprender a confiar nelas e, então, contar comigo e se apoiar em mim, colocando toda sua fé em mim, eu o guiarei em todos os seus caminhos; resolverei todos os seus problemas, facilitarei todo o seu trabalho, e você será conduzido entre pastos verdejantes, junto às águas calmas da vida.
> — Joseph Benner, *A vida impessoal,* **1914**

Perguntas práticas

» Neste momento, o que você está sentindo no seu corpo, no seu coração e na sua mente? Você se sente tenso, fechado e ansioso ou relaxado, aberto e em paz?

» Como está sua respiração? Profunda e lenta, ou rasa e rápida?

» Você consegue respirar devagar e profundamente com a parte inferior do abdômen e das costas?

» Tente e observe o que e como se sente.

» Onde em seu corpo sente dor, tensão ou desconforto?

» Você consegue focar sua atenção nessa área e respirar profundamente, permitindo que se abra e relaxe?

» Você acredita que é apenas seus pensamentos e a voz em sua cabeça?

» Se sim, quem e o que dentro de você está observando os pensamentos e as vozes em sua cabeça? Ao se concentrar em sua respiração, você consegue sentir o espaço, a paz e a quietude por trás de seus pensamentos?

» O que significa a palavra *lar* para você?

» Você se sente em casa dentro de si mesmo e em sua casa física?

» Você se sentia em casa na sua casa física quando era criança? Se não, por quê?

» Você se sente em casa com as pessoas com quem mora? E com as pessoas do seu trabalho? Se não, por quê?

» Se você não está completamente satisfeito com sua casa física, como seria sua casa ideal? Não se limite, descreva-a com o máximo de detalhes possível.

» Se você não está completamente satisfeito com seu ambiente de trabalho, como seria seu espaço de trabalho ideal? Mais uma vez, não se limite, descreva-o com o máximo de detalhes possível. (Recomendo que você escreva suas respostas, porque isso lhe ajudará a criar sua casa e seu ambiente de trabalho ideal o mais rápido possível.)

Afirmações-chave

» Sinto-me bem onde quer que esteja.

» Meu verdadeiro lar está dentro do meu corpo, do meu coração e da minha alma.

» Estou em casa. Bem-vindo ao seu lar, [seu nome].

» Eu sou digno e merecedor de um lar lindo e amoroso.

» Eu sou muito mais que a voz na minha cabeça.

» Por trás dos meus pensamentos eu sou livre, cheio de amor e estou em paz.

» Minha dor física e minhas preocupações com a saúde estão me guiando para o meu verdadeiro eu.

» Minha respiração é o caminho para minha casa.

CAPÍTULO 15

Inspire a vida

A mente pode ir em mil direções, mas neste lindo caminho, eu ando em paz. A cada passo, o vento sopra. A cada passo, uma flor desabrocha... Sorria, respire e vá devagar.

— **Thich Nhat Hanh**

> Onde quer que esteja, inspire devagar e profundamente, levando o ar até a barriga. É importante que neste momento você foque a atenção em si mesmo. Sinta todo o seu corpo, dos pés ao topo da cabeça, e depois até a ponta dos dedos. Livre sua mente de pensamentos intrusos. Relaxe qualquer tensão e deixe-se ser. Usando cada inspiração para abrir o corpo e criar espaço interior, dê boas-vindas a tudo o que está pensando, sentindo e experimentando aqui neste momento. Na expiração, imagine todas suas dificuldades indo embora. Esteja presente no seu corpo e na sua respiração.

Se pudermos aprender a estar presente em nossa respiração em qualquer momento, conseguiremos encontrar o caminho de volta para a força, a paz e o amor que já existem dentro de nós. Embora tenhamos a tendência de ignorá-las, cada respiração oferece um caminho para as profundezas do nosso ser, onde espaço e quietude ilimitados estão sempre esperando.

A respiração é uma âncora que tem o poder de nos manter centrados nos momentos mais turbulentos. Independentemente de quão forte um pensamento ou uma emoção é em nossa experiência momento a momento, podemos sempre encontrar alegria e clareza por trás dessas ondas mentais e emocionais. Através da respiração podemos sair dos pensamentos ilusórios sobre o passado e o futuro em direção à verdade da vida no aqui e agora. Se conseguirmos deixar intencionalmente a consciência fora da cabeça, seguindo nossa respiração para o interior do corpo, podemos encontrar aceitação, harmonia e coragem em qualquer momento e situação.

A principal razão pela qual a maioria em geral tem uma respiração muito rasa, especificamente na garganta e na parte superior do tórax, é que reprimimos e armazenamos emoções desconfortáveis e que tememos sentir no corpo. No entanto, concentrando nossa atenção de maneira consciente na respiração lenta, profunda e completa, especificamente na barriga, nas costas e nos pulmões, podemos permitir que a energia presa na cabeça como confusão e pensamentos obsessivos, bem como a energia presa no coração como ansiedade e estresse, literalmente derreta, se solte e preencha nosso corpo de maneira equilibrada e harmoniosa. Para encontrar o espaço, a paz e a quietude que existem no fundo de cada um, em algum momento temos que fazer a jornada desafiadora, mas necessária, da cabeça para baixo, através do coração, até as partes mais profundas de nosso ser.

Em algum ponto da nossa busca por felicidade e realização duradouras, devemos encontrar a coragem de sentir toda mágoa, ansiedade, raiva, insegurança, medo, culpa e vergonha que empurramos fundo nas células, nos órgãos e nos espaços que compõem nosso corpo. Quanto mais profundamente respiramos, mais profundamente sentimos, e somente sentindo a vida de forma profunda e plena podemos curar nosso corpo, nosso coração e nossa mente. Na verdade, existe uma correlação direta entre a plenitude da nossa respiração e a plenitude da nossa vida, porque só podemos viver a vida tão plenamente quanto nos dispomos a inalar a força vital. Em termos simples, quanto mais inalamos a energia vital do oxigênio, mais gostamos de estar vivos.

> Se você corrigir a mente, o resto da sua vida se encaixa.
> — **Lao Zi**

Quando respiramos de maneira superficial e ansiosa, não só permitimos que as velhas feridas emocionais infeccionem e se tornem tóxicas, como nos permitimos criar mais dor além das emoções não resolvidas dentro de nós. Quando olhamos para a respiração dessa perspectiva, fica claro que cada momento nos oferece uma oportunidade de nos curarmos e sermos livres, fazendo uma escolha consciente de focar em respirar devagar, tão profunda e plenamente quanto pudermos. Sabemos que a vida humana não seria possível sem oxigênio, então, se existe uma coisa que tem o poder de nos dar mais vida e vitalidade do que qualquer outro fator em nossa experiência, a respiração é, de longe, a única. É por isso que respirar intencionalmente em cada espaço no interior do ventre, das costas, do peito e dos ombros (suavemente, sem forçar) nos permite preencher essas áreas com as energias vivificantes e curativas que estão sempre disponíveis em todos os lugares, o tempo todo.

Ao focarmos nossa atenção na inspiração profunda e lenta, permitimos também que nossa consciência se expanda além da cabeça para cada célula e canto de nosso ser. O subproduto natural desse processo é a compreensão profunda e tangível de nossa unidade com o oceano de energia e oxigênio que preenche todos os espaços e ambientes ao nosso redor. Respirando a vida da forma mais suave e completa possível, começamos a lembrar que não estamos separados de ninguém nem de nada que existe.

Através da respiração consciente e profunda, acabamos despertando para nossa união com o universo e com a vida, e redescobrimos a energia infinita e a força vivificante que existem em cada partícula, átomo e molécula que nos cerca e dá forma ao nosso ser.

Todos somos propensos a tornar a vida muito mais difícil do que precisa ser, principalmente porque rejeitamos muito do que pensamos e sentimos. Então, dizemos coisas de forma reativa e fazemos coisas de uma posição defensiva, o que tende a criar mais mágoa e separação. Acho que todos sabemos que a vida, às vezes, já é difícil o bastante, sem a dor e o estresse que criamos. Percebi que a dor emocional que fazemos de tudo para evitar continua se acumulando com o tempo, tornando a vida muito mais difícil do que poderia ser se aprendêssemos a acolher, dar espaço e expressar tudo o que sentimos.

Para quem cresceu sem se sentir amado, se sentindo incompreendido ou sem apoio, a vida é realmente desafiadora quando estamos aprendendo a nos amar, nos respeitar, nos valorizar e nos incentivar. Felizmente, a vida se torna muito mais fácil quando paramos de resistir ao fluxo de energia e emoção que pulsa em nós aqui no presente.

Na verdade, quando aprendemos a nos render ao que estamos pensando, sentindo ou experimentando, naturalmente nos libertamos da nossa luta interior e aceitamos o que acontece dentro de nós e ao nosso redor quase sem dificuldades.

Pode-se dizer que a chave mais importante para a saúde e a felicidade é aprender a respirar devagar e profundamente, pois com o cultivo intencional e diário dessa prática podemos aceitar a vida como ela é e permitir que ela se desenrole de forma orgânica e prazerosa através de cada pensamento, emoção e experiência.

Descobri que por trás de todos os meus pensamentos e de todas as minhas emoções há sempre presente uma fonte de paz e energia vital e, ao escolher de maneira consciente seguir a respiração profundamente em meu corpo, posso encontrar o caminho de volta para a liberdade interior que desejo em qualquer momento e situação.

À medida que acolhemos nossas experiências através da respiração, nos tornamos um só com nossa experiência e, assim, sem esforço, colocamos um fim a uma quantidade significativa de sofrimento. Ao nos abrirmos para a vida a cada respiração, em vez de nos contrairmos, aceitamos organicamente nossa unidade com tudo o que existe. Como resultado direto, a dor que experimentamos por nos sentirmos isolados, inseguros, maltratados e não amados acaba se dissolvendo no silêncio amoroso de onde veio, e tudo o que nos resta é a alegria e a felicidade de estarmos vivos.

> Quando você percebe que a estrada é a meta, e que você está sempre na estrada, não para alcançar uma meta,
> mas para desfrutar de sua beleza e sabedoria, a vida deixa de ser uma obrigação e se torna natural e simples.
> Um êxtase em si mesma.
>
> — Nisargadatta Maharaj

Prática simples de meditação de respiração profunda

Uma das maneiras mais eficazes de cultivar a aceitação total da vida em cada momento e situação é através da seguinte prática:

1. Coloque suavemente a língua no céu da boca. Isso conecta dois dos principais canais de energia do nosso corpo (usados na tradicional medicina oriental), que, uma vez ligados, criam um fluxo de energia harmonioso, equilibrado e contínuo por todo o corpo.
2. Em seguida, com os olhos abertos ou fechados, dependendo de onde você estiver e do que estiver fazendo, inspire devagar, fundo e completamente pelo nariz com a intenção de encher primeiro o abdômen e a região lombar, e depois o peito, a parte superior das costas e os ombros. Você pode até continuar e encher a garganta e a cabeça, antes de expirar devagar e suavemente também pelo nariz.
3. Se por algum motivo seu nariz estiver entupido, você pode inspirar e expirar pela boca. No entanto, nessa prática, respirar pelo nariz é infinitamente mais eficiente para levá-lo à paz, à quietude e ao espaço profundo dentro de seu corpo.
4. Quando notar que sua mente está vagando enquanto se dedica a essa prática, diga "pensamento" para si mesmo, e então traga a atenção e a consciência de volta para o seu corpo e a sua respiração. Quando se pegar pensando em alguém ou alguma coisa, ou falando com você mesmo de qualquer maneira, apenas traga com muita gentileza o foco de volta para a inspiração lenta, profunda e completa.

5. Não julgue, brigue ou resista a nenhum pensamento ou emoção. Simplesmente diga com toda gentileza "pensamento" quando perceber que não está prestando atenção em seu corpo ou sua respiração e, em seguida, devolva a atenção para a respiração lenta, profunda e plena.
6. A qualquer momento, você pode conscientemente voltar ao seu corpo e à sua respiração e, ao fazê-lo, sempre encontrará paz, espaço e quietude profunda por trás de todos os seus pensamentos e de todas as suas emoções.
7. Dê a si mesmo permissão para se soltar e relaxar. Permita que seu corpo se abra e libere qualquer estresse ou tensão que você esteja retendo. Permita que sua respiração derreta e cure quaisquer bloqueios e dores que sinta em seu corpo.
8. Repita essa prática sempre que possível ao longo do dia. Você pode fazê-la sentado, em pé ou deitado, durante o tempo que desejar. Essa prática também é ótima pela manhã, para acordar, e à noite, para relaxar o corpo, o coração e a mente.

Passo adicional: se você quiser aprofundar a prática de meditação, os pontos a seguir oferecem estrutura e orientação para isso. Antes de começar, recomendo encontrar um lugar tranquilo onde você não será incomodado.

- Criando tempo e espaço para uma prática de meditação consistente: cada vez que praticar sua meditação, decida quanto tempo é confortável para você se dedicar a ela. Recomendo começar com dez minutos, e depois aumentar esse tempo em intervalos de dez minutos a cada semana, até conseguir sentar-se confortavelmente em meditação de trinta a sessenta minutos. Coloque também um alarme no seu relógio ou no seu telefone, para não ficar constantemente verificando o tempo. Depois de definir o alarme e começar a meditação, tente não olhar as horas até o alarme disparar. Ficar verificando o relógio é só outra maneira sutil de se distrair do momento presente. Além disso, silencie os aparelhos eletrônicos para não ser incomodado. Por último, recomendo criar uma prática consistente de meditação pela manhã, antes de sair de casa, porque é a melhor maneira de começar seu dia com paz, positividade e clareza. Seus pensamentos pela manhã são a energia com a qual você cria o seu dia. Se sua energia mental estiver toda bagunçada, você se sentirá estressado e fragmentado. E, através de uma meditação matinal simples e curta, você pode organizar seus pensamentos e energia mental e, em seguida, concentrar-se efetivamente no que quiser, no que precisar, e no que for bom para si mesmo.

- Postura de meditação eficaz: se você faz essa meditação em uma cadeira, banco, sofá, em almofada de meditação ou no chão, assegure-se de estar sentado ereto, com uma postura centralizada e equilibrada. Você pode se encostar à cadeira, se isso parecer mais natural; no entanto, alongue-se suavemente, esticando toda a coluna para que as vértebras não fiquem sob muita pressão. Ao mesmo tempo, relaxe todos os músculos da parte inferior, média e superior das costas para que não crie mais tensão em seu corpo.

Também é útil imaginar uma corda presa atrás de sua cabeça, que o puxa com suavidade para cima e tira a pressão de sua coluna. Em relação à posição da sua cabeça, é melhor olhar para a frente e inclinar levemente o queixo para baixo. Em relação às suas pernas e aos seus pés, se você estiver sentado em uma cadeira, um sofá ou um banco, é melhor apoiar os dois pés no chão, pois isso ajuda a aterrar e equilibrar a energia em seu corpo. Também é útil colocar os joelhos em ângulo de noventa graus, para que a energia e o sangue nas pernas possam fluir livremente. Se seus joelhos estiverem muito acima da pélvis, a energia e o sangue ficarão presos nos quadris e você se sentirá desconfortável ao praticar a meditação. Assim, se você tem pernas longas ou está sentado em uma cadeira baixa, isso pode ser remediado colocando um travesseiro embaixo de você para elevá-lo um pouco. Se, por outro lado, seus pés não tocarem o chão, é útil colocar um travesseiro sob os pés. Se estiver sentado no chão ou em uma almofada de meditação, é melhor manter as pernas cruzadas. Mais uma vez, o ideal é deixar os joelhos mais baixos do que a pélvis para que a energia e o sangue possam fluir livremente, sem ficarem retidos. Assim, se os flexores do seu quadril e os músculos da sua virilha estiverem tensos, é melhor sentar em um travesseiro ou uma almofada de meditação para garantir que a pélvis fique mais alta que os joelhos. Em relação à posição das suas mãos, é melhor manter as palmas voltadas para baixo nas coxas ou juntas no colo. Se elas estiverem unidas no seu colo, recomendo entrelaçar suavemente os dedos. No fim das contas, o importante é encontrar uma posição que seja boa para você, para que consiga permanecer imóvel durante toda essa prática.

- Olhos abertos ou olhos fechados: o último ponto-chave a ser abordado no aprofundamento desta prática de meditação está relacionado aos olhos: devemos deixá-los abertos ou fechados enquanto fazemos a prática? As duas abordagens são muito eficientes e ambas merecem igual atenção. Meditar de olhos abertos é muito importante, porque nos ajuda a cultivar a capacidade de "estar no mundo" conscientemente sem ser reativo. Queremos trazer a paz que encontramos através da meditação para o nosso dia a dia, portanto meditar com os olhos abertos ajuda a trazer mais presença, consciência e amor a cada momento, experiência e relacionamento. Meditar com os olhos fechados também é importante, porque nos encoraja a ir mais fundo na paz, na quietude, no amor e na consciência dentro de nós. É muito nutritivo fechar-se completamente para o mundo exterior e mergulhar em nosso ser. Ao meditar com os olhos abertos, o melhor é olhar para o chão cerca de 1,5 a 1,8 metro à sua frente. Não olhe para nenhum ponto em particular, apenas relaxe os olhos e repouse o olhar na área à sua frente. Quando nos concentramos em um ponto específico no chão, o efeito é o mesmo que o de se fixar em um pensamento, então, sempre que você se fixar em um ponto ou uma sujeira, no chão trate essa experiência como um pensamento, diga "pensamento" para si mesmo, relaxe o olhar e volte a atenção para sua respiração e seu corpo. Ao meditar com os olhos abertos, direcione 95% da sua consciência para dentro e apenas 5% para fora. A ideia é você estar visualmente consciente dos 180 graus à sua frente enquanto permanece consciente do seu corpo, da sua respiração e dos seus processos de pensamento. No começo, essa técnica pode parecer um pouco estranha, mas com o tempo ela se torna mais natural e nos leva a níveis bastante profundos de paz e autoconsciência.

Ao meditar com os olhos fechados, siga o próximo passo.
- *Pontos de encerramento*: depois de encontrar a postura de meditação que funciona melhor para você e definir seu alarme, siga os passos um a sete da prática simples de meditação de respiração profunda nas páginas 180 e 181. Depois de inspirar e expirar devagar e fundo por alguns minutos, permita que sua respiração se torne natural, não tente controlá-la. Em seguida, descanse a consciência em sua respiração para poder prestar atenção a cada inspiração e expiração enquanto sente todo seu corpo. Ao aprofundar a meditação, concentre-se nas etapas quatro a sete da prática nas páginas 180 e 181, permitindo que sua respiração seja completamente natural, e não forçada. Conforme descrito anteriormente, quando perceber que sua mente está vagando e que você está pensando em alguma coisa ou em alguém, diga "pensamento" para si mesmo e, em seguida, direcione suavemente sua atenção para cada inspiração e expiração, e sinta todo seu corpo enquanto respira.

No final, não há maneira certa ou errada de meditar. O que importa é seu compromisso com (1) permanecer presente nos seus pensamentos, nas suas emoções e nas suas sensações físicas, (2) sentir o ar entrar e sair a cada respiração e (3) acolher tudo que surgir com bondade, aceitação e compaixão.

Ao aprofundar a prática de meditação, é muito útil saber que a irritação e o desconforto físicos geralmente surgem como bloqueios ou sabotagens ao autocontrole e ao amor-próprio. A maioria de nós tem muita irritação e muito desconforto psicológico e emocional reprimidos e acumulados, que no início surgem durante a meditação como agitação física e inquietação, antes que possam ser curados. Assim, é fundamental aceitar o desconforto físico que surge à medida que você prolonga a prática, porque essa é a única maneira de curar o desconforto emocional subjacente, que precisa ser liberado antes que você possa encontrar a paz interior e a felicidade duradouras. Por isso, é importante que você continue comprometido, persistente e paciente na prática de meditação, mesmo que se sinta agitado, irritado ou desconfortável.

Por fim, recomendo reler este capítulo depois de praticar a meditação algumas vezes. Ele sempre vai oferecer orientação e clareza conforme você aprender a se amar incondicionalmente e voltar a viver no presente.

Dizem que você deve amar o próximo como a si mesmo.
Como você se ama? Quando olho para minha mente,
descubro que não me amo por me achar um sujeito
querido ou ter sentimentos afetuosos. Não acho que
me amo porque sou particularmente bom, mas apenas
porque sou eu mesmo e estou bem afastado da minha
personalidade. Posso detestar algo que fiz. No entanto,
não deixo de me amar. Em outras palavras, essa distinção
clara que os cristãos fazem entre odiar o pecado e
amar o pecador é a mesma que você tem usado em
sua defesa desde que nasceu. Você não gosta do que
fez, mas não deixa de se amar. Pode até pensar que
deveria ser enforcado. Que deveria ir à polícia, confessar
e ser enforcado. O amor não é [apenas] um sentimento
afetuoso, mas um desejo constante pelo bem definitivo da
pessoa amada, na medida em que isso pode ser obtido.

— **C. S. Lewis**

CAPÍTULO 16

Amor-próprio incondicional

O que podemos ganhar viajando até a Lua, se não conseguimos atravessar o abismo que nos separa de nós mesmos?

— Thomas Merton

> Onde quer que esteja, inspire devagar e profundamente, levando o ar até a barriga. É importante que neste momento você foque a atenção em si mesmo. Sinta todo o seu corpo, dos pés ao topo da cabeça, e depois até a ponta dos dedos. Livre sua mente de pensamentos intrusos. Relaxe qualquer tensão e deixe-se ser. Usando cada inspiração para abrir o corpo e criar espaço interior, dê boas-vindas a tudo o que está pensando, sentindo e experimentando aqui neste momento. Na expiração, imagine todas suas dificuldades indo embora. Esteja presente no seu corpo e na sua respiração.

Quando analisamos o relacionamento que temos conosco, vemos que só nos amamos "se" e "quando" certas condições que criamos para nós mesmos são atendidas e projetadas em algum futuro ou passado distante.

- Eu me amarei "se" estiver em um relacionamento amoroso.

- Eu me amarei "quando" for bem-sucedido.
- Eu me amarei "se" emagrecer.
- Eu me amarei "quando" ganhar mais dinheiro.
- Eu me amarei "se" conseguir esse diploma.
- Eu me amarei "quando" tiver aquele carro ou aquela casa nova.
- Eu me amaria "se" não tivesse rugas.
- Eu me amaria "se" não tivesse essa doença ou essa deficiência.

Essa conversa soa familiar?

Como nunca aprendemos a nos amar e a nos valorizar no presente, do jeito que somos, olhamos constantemente para um futuro fantasioso, em que achamos que seremos mais dignos e merecedores de amor ou mais capazes de amar a nós mesmos do que somos agora. Com menos frequência, alguns até pegam essa dinâmica e a revertem olhando para o passado com pensamentos pesarosos ("Eu costumava me amar quando..." ou "Eu me amaria se fosse..."). Nesses casos mais raros, as condições nos mantêm presos à culpa, ao arrependimento e ao ressentimento em relação ao que fomos e, portanto, não somos mais. Independentemente de onde colocamos nossas condições, se continuarmos a nos relacionar conosco de maneira condicional, nunca chegaremos ao lugar no futuro ou no passado onde estamos prontos para nos amar aqui no presente. Temos que começar a nos amar neste momento para criar, realizar e encontrar aquilo que mais desejamos na vida. Nunca é o contrário, por mais que acreditemos que seja assim.

Olhar para o futuro para nos amarmos mais no presente nunca vai nos ajudar a transformar o que já não conseguimos amar em nós mesmos, na nossa vida ou no passado. Da mesma forma, agarrar-se a situações, relacionamentos e imagens do passado carregados de arrependimento e negação também nunca vai nos ajudar a criar uma vida saudável e feliz no presente. O que não amamos, aceitamos e respeitamos neste momento permanecerá sempre sob a superfície da consciência, até que o enfrentemos, o perdoemos e o entendamos de maneira honesta e, portanto, curemos isso. Não importa quanto tentemos fugir de nós mesmos ou com que intensidade neguemos essa dinâmica, ela vai nos impedir de encontrar paz, saúde, felicidade e amor verdadeiro, ao mesmo tempo que nos levará a criar situações cheias de dor e confusão.

• • •

O amor condicional por nós mesmos geralmente está enraizado em sentimentos profundos e crenças limitantes sobre não sermos "suficientes" ou "dignos de amor" assim como somos, o que nos faz sentir que devemos sempre ser mais, fazer mais ou ter mais para sermos dignos de amor por nós mesmos e pelos outros. No centro dessa dinâmica interna autodestrutiva está o fato de que, na infância, a maioria dos nossos pais não podia nos amar exatamente como éramos, porque eles mesmos não se amavam como eram. Então, não só herdamos crenças, emoções e hábitos desprovidos de amor, de nós também fomos criados em lares onde, por mais que tentássemos agradar nossos pais ou fazê-los felizes, nada jamais satisfaria as inseguranças, as inadequações, a insatisfação e as expectativas irracionais deles.

Agora, dependendo de quão infelizes e desapontados nossos pais eram com eles mesmos, vivemos acreditando que não somos bons o suficiente, inteligentes o suficiente, bem-sucedidos o suficiente, atraentes o suficiente, amorosos o suficiente e altruístas o suficiente. E é por isso que sentimos as mesmas coisas que sentíamos na infância. Muitas vezes tentamos fazer os outros felizes ou satisfazer todos os seus desejos, porque mantemos a crença profundamente enraizada de que essa é a única maneira de viver. Mas a verdade é que vivemos sem saber que existe outro modo de vida além das limitações e das condições autoimpostas que herdamos da infância.

Compreender essa dinâmica não é, de forma alguma, um incentivo para culpar nossos pais ou sentir pena de nós mesmos. É apenas uma visão lógica das causas profundas de muitas de nossas dificuldades; dificuldades que nossos pais também enfrentaram a vida inteira, porque, como todos nós, os pais deles também não foram diferentes. Por gerações, a maioria da população não soube como viver de uma maneira em que se sentia conectada à sua integridade e ao seu valor inerentes. Raramente ouvimos, mesmo quando adultos, que não apenas somos dignos de amor — não importa o que aconteça —, como também que quem somos além de nossas crenças limitantes é puro amor. É por isso que todos queremos e precisamos tanto de amor, e que o amor, em sua forma saudável, sempre é tão bom e tão libertador. Estamos simplesmente procurando o amor que somos para que possamos ser apenas o amor que somos. Estamos intuitivamente procurando por nós mesmos para que possamos ser apenas nós mesmos.

Sem saber disso, no entanto, ainda nos colocamos sob pressão constante e criamos nossa vida a partir de uma mentalidade de falta, desmerecimento e inadequação. Machucamos a nós mesmos o tempo todo em nome do nosso amor por outras pessoas, sempre tentando agradá-las e mantê-las felizes, porque acreditamos erroneamente que essa ainda é a única maneira de sobreviver e seguir em frente. Enquanto isso, nossas verdadeiras necessidades, nossos desejos e sonhos são ignorados porque não achamos que somos dignos de ter aquilo que valorizamos ou imaginamos para nós mesmos. Por sorte, no entanto, estamos destinados a acordar desse pesadelo perceptivo e, em seguida, nos curarmos, abandonando as condições limitantes que colocamos para o amor por nós mesmos. Uma chave para isso é entender que, por trás de todas as condições limitantes que criamos ou assumimos, existe apenas uma dor emocional reprimida, que é o resultado de todas as vezes que, no passado, não nos relacionamos conosco com a honestidade, a aceitação e a bondade de que precisamos.

Nossas crenças limitantes sobre sermos de alguma forma inadequados, não merecedores ou indignos existem, paradoxalmente, para nos proteger das emoções desconfortáveis que nós mesmos criamos e armazenamos dentro de nós. Elas também existem para criar contraste e, assim, nos dar uma ideia do que é o sentimento oposto e adequado. Todos os aspectos de nossa vida que são ou foram dolorosos — que julgamos, rejeitamos, negamos, escondemos, evitamos, tememos, ou em relação aos quais nos sentimos inseguros, envergonhados, zangados, arrependidos e culpados — são os obstáculos que nos impedem de sentir e conhecer nossa verdadeira natureza, que é sempre suficiente, sempre inteira e nunca carece de nada. Quando aprendemos a ser gentis e fiéis a nós mesmos em cada palavra e atitude, paramos de criar nós e bloqueios em um corpo projetado para vida e amor infinitos.

• • •

De uma perspectiva mais ampla, quando nosso amor-próprio é condicional por natureza, a paz e a felicidade que experimentamos diariamente também o são. Por trás das condições que colocamos para nós mesmos de "se" e "quando" enfim estaremos em paz ou felizes, estão as condições de "se" e "quando" seremos dignos de ser amados por nós mesmos e pelos outros. Quando vivemos acreditando que só seremos dignos de amor "se" e "quando" atendermos a certas condições que não estão presentes agora, estamos na verdade entregando nossa paz e nossa felicidade a esses pensamentos doentios, que sempre se traduzem em não desfrutar a vida agora.

Da mesma forma que buscamos o amor fora de nós mesmos quando não sabemos como nos amar e tratar nossas feridas mais profundas, também buscamos a paz e a felicidade fora de nós mesmos quando não estamos em paz, felizes ou satisfeitos com quem somos, com quem fomos ou com a vida que criamos. Então, se estamos em busca de amor, paz ou felicidade, sempre somos lembrados de aprender a lição mais importante da vida, que consiste em aceitar, valorizar e sermos fiéis a nós mesmos hoje, independentemente de onde estamos, o que fizemos ou para onde queremos ir.

Não importa quantos objetivos alcancemos, quanto dinheiro ganhemos, quanto nosso corpo esteja em excelente forma ou quantas boas ações façamos, sempre nos encontraremos diante das mesmas partes de nós mesmos, da nossa vida e do passado com as quais ainda não nos sentimos bem ou em paz. Através de dificuldades com a saúde, comportamento propenso à dependência, relacionamentos íntimos ou finanças, a alma está nos pedindo para abandonarmos nossas condições limitantes para que possamos finalmente curar o coração e, assim, deixarmos de viver focados em uma ilusão do futuro.

Quando paramos de fugir das mágoas do passado, é fácil ver como criamos condições autodestrutivas no presente para nos proteger e nos distrair do que permanece não resolvido dentro de nós. No entanto, à medida que desaceleramos o suficiente para sairmos da própria cabeça e mergulharmos na profundidade e totalidade de nosso ser, para nossa surpresa, encontramos um oceano de sabedoria e força amorosa por trás de todas as crenças e de todos os sentimentos negativos que mantemos dentro e em relação a nós mesmos.

Nessa revelação, vem o desejo de nos entregarmos de maneira mais profunda a essa verdade, na qual finalmente paramos de bloquear a segurança e a suficiência. Quando percebemos como o hábito de guardar tudo nos leva a nos sentir inseguros, inadequados e presos no ciclo vicioso do amor condicional, não vamos querer nos machucar ainda mais. É aqui que passamos de fato a ver cada condição limitante que colocamos para nossa paz, nossa felicidade e nosso amor-próprio como apenas um padrão de pensamento baseado no medo, que usamos como desculpa para não sermos fiéis a nós mesmos, o que obviamente não nos serve mais.

Perguntas práticas

» Que condições você impõe a si mesmo para "se" e "quando" se amará no presente?

» Que condições você impõe a si mesmo para "se" e "quando" estará em paz, feliz e realizado?

» Que histórias conta a si mesmo sobre por que não é digno de amor?

» Que crenças negativas tem sobre si mesmo que lhe impedem de se amar agora?

» O que em você, na sua vida ou no seu passado justifica que se sinta indigno e não merecedor de amor?

» Você sempre sente que deve ser mais, fazer mais e ter mais para se sentir amado por si mesmo e pelos outros?

» Você sempre sente que deve ser mais, fazer mais e ter mais para estar em paz, feliz e satisfeito com si mesmo e com a vida?

» Você acha que sua mãe e seu pai se amavam incondicionalmente? Se não, consegue ver que foi difícil para eles amar você e ensiná-lo a se amar dessa forma?

» Você sente que sempre teve que ser mais, fazer mais ou ter mais para que seus pais o amassem ou para que ficassem felizes e satisfeitos?

» Consegue ver como seu amor condicional por si mesmo começou muito cedo?

» Em que situação, neste momento, o medo está impedindo você de falar e agir com base em seus verdadeiros sentimentos, necessidades e desejos?

» Você consegue se amar e se valorizar neste momento sendo fiel a si mesmo, mesmo que esteja com medo?

Afirmações-chave

» Sou digno de amor do jeito que sou.

» Para me sentir bem e digno de amor, preciso ser honesto e verdadeiro comigo mesmo em cada situação.

» Não preciso ser mais, fazer mais ou ter mais para me sentir bem comigo mesmo.

» Eu mereço amor na minha vida. Sempre mereci e sempre merecerei.

» Perdoo meus pais por não me ensinarem a me amar incondicionalmente.

» Perdoo meus pais por não serem capazes de me amar, me aceitar e me apoiar incondicionalmente.

» Eu agora escolho me relacionar com amor, bondade e compaixão incondicionais em cada momento, situação e relacionamento.

» O passado e o futuro não são reais. Tudo o que tenho é o agora, e todo amor de que preciso já está vivo dentro de mim.

» Eu me amo por falar e agir honestamente.

» Não vou esperar para me valorizar ou ser feliz.

» Para sentir amor e respeito por mim mesmo no futuro, preciso ser fiel a mim mesmo hoje.

CAPÍTULO 17

Supere o autojulgamento e a rejeição

E aqueles vistos dançando foram julgados insanos por aqueles que não podiam ouvir a música.

— **Friedrich Nietzsche**

> Onde quer que esteja, inspire devagar e profundamente, levando o ar até a barriga. É importante que neste momento você foque a atenção em si mesmo. Sinta todo o seu corpo, dos pés ao topo da cabeça, e depois até a ponta dos dedos. Livre sua mente de pensamentos intrusos. Relaxe qualquer tensão e deixe-se ser. Usando cada inspiração para abrir o corpo e criar espaço interior, dê boas-vindas a tudo o que está pensando, sentindo e experimentando aqui neste momento. Na expiração, imagine todas suas dificuldades indo embora. Esteja presente no seu corpo e na sua respiração.

Todos julgamos nós mesmos e, às vezes, os outros. Nos dois casos, nosso julgamento existe apenas para nos proteger das emoções desconfortáveis que reprimimos ao longo da vida. Ao julgar outras pessoas, por um tempo, nos sentimos melhor que aquilo que julgamos e não aceitamos em nós mesmos. Só julgamos os outros para nos distrair daquilo que temos dificuldade de aceitar em nós mesmos e na nossa vida. Como todo mundo, para além dos autojulgamentos, nosso verdadeiro eu ainda merece respeito, independentemente do que acreditemos que nos torne indignos de amor. Quando nos julgamos de alguma forma inadequados ou indignos, a realidade é que apenas perdemos o contato com o espaço e a consciência dentro de nós que não só abraça nossa escuridão e nossa luz, mas também entende seu propósito e valoriza sua presença.

Todos esquecemos por um breve momento o ilimitado de nossa verdadeira natureza, mas estamos destinados a conhecer novamente essa profunda verdade interior em algum momento. Para nos libertar do sofrimento e aproveitar a vida, precisamos reconhecer e aceitar os muitos aspectos diferentes de quem, onde e como temos sido. Mesmo que sintamos profunda vergonha em relação a alguma coisa, cada um de nós é desafiado a assumir suas emoções, seus pensamentos, seus desejos e suas experiências mais vulneráveis.

Se olharmos honestamente para a forma como nos relacionamos conosco hoje, a maioria vai descobrir que há muitas coisas que julgamos, rejeitamos, escondemos e das quais fugimos. A maioria não acolhe tudo o que pensa, sente, quer e precisa. Como vimos, esses padrões de julgar, rejeitar e negar verdades internas começaram a se formar quando éramos pequenos, porque temíamos perder o amor e o apoio de que precisávamos nos primeiros anos. Antes do despertar e da cura, muitos viveram a vida inteira inconscientes de quanto tinham se afastado de quem realmente eram, porque nunca aprenderam a aceitar e respeitar todos os seus sentimentos o tempo todo.

Ao tentar entender as causas profundas da autorrejeição e do autojulgamento, pode-se dizer que, mesmo na concepção e durante a gravidez da nossa mãe, aprendemos sobre a natureza do amor através de condições pouco saudáveis e limitantes. A maioria das pessoas foi concebida naquilo que os pais acreditavam ser amor, tanto para eles mesmos quanto para os outros, naquele ponto específico do crescimento e da evolução pessoal deles. Quando se trata em especial da relação que nossos pais tinham com eles mesmos e do grau em que realmente se aceitavam no momento da nossa concepção, muitas vezes não era uma dinâmica saudável, porque isso é o que acontece com a maioria das pessoas. Poderíamos até dizer que a natureza do relacionamento que cada um tem com si próprio remonta, biologicamente, à nossa linhagem genética e, espiritualmente, ao carma de vidas inteiras.

Independentemente de você acreditar ou não em reencarnação, a verdade é que esta vida contém tudo de que precisamos para sermos livres e felizes. Na verdade, tanto o passado não resolvido quanto as sementes do nosso futuro estão presentes neste momento, por isso é mais prático entender que as pessoas que nos trouxeram à vida e nos criaram não puderam nos dar o que eles mesmos nunca receberam e não aprenderam. Nossos pais e a maioria das pessoas que nos influenciaram na infância não se aceitavam por inteiro, então é uma consequência lógica que não tenham conseguido nos aceitar por completo ou ensinar como nos relacionar conosco de maneira gentil e compassiva — mesmo que realmente quisessem. Embora essa dinâmica tenha sido a experiência de muitas pessoas, ainda não podemos desperdiçar tempo e energia culpando nossos pais, ou qualquer outra pessoa, pela falta de amor que temos por nós mesmos no presente. Nossos pais, assim como todas as outras pessoas vivas, tiveram dificuldades para se aceitarem incondicionalmente, tendo ou não consciência dessa realidade interior. Como seres humanos, todos somos desafiados pelo relacionamento que temos conosco, a despeito de expressarmos ou não essa verdade interior vulnerável. É por isso que temos que encontrar um lugar de compreensão compassiva dentro de nós mesmos, onde possamos liberar toda a culpa e aceitar tudo que somos agora.

> Além de nossas ideias de certo e errado, existe um campo. Vou te encontrar lá. Quando a alma se deita naquela grama, o mundo fica cheio demais para se falar dele. Ideias, linguagem — até a frase "um ao outro" perde o sentido.
>
> — Rumi

Todos desenvolvemos medos inconscientes relacionados a sermos julgados e rejeitados por outras pessoas, porque tememos sentir a dor emocional que associamos a essas experiências. O que normalmente não entendemos é que a dor de nos rejeitar é muito mais prejudicial e dolorosa do que a de ser rejeitado por outra pessoa.

Na verdade, a maior parte da tristeza que surge quando nos sentimos rejeitados ou julgados por outra pessoa é, na verdade, o resultado de todas as vezes em que não nos aceitamos e nos honramos no passado. Qualquer um que nos julgue ou nos rejeite só faz isso porque ainda julga e rejeita a si mesmo, então sua reação a nós tem pouco a ver conosco. À medida que aprendemos a ser fiéis a nós mesmos, o que em grande parte significa colocar em ação a autoaceitação, o fato de as pessoas nos aceitarem ou nos julgarem passa a ter cada vez menos efeito sobre como nos sentimos em relação a nós mesmos.

Enquanto não percebemos quão exaustivo é viver com medo, nós julgamos, rejeitamos e nos machucamos, da mesma maneira que, inconscientemente, tememos ser machucados por outras pessoas. É óbvio que não estamos cientes disso, mas essa dinâmica autodestrutiva criou inúmeras batalhas internas entre quem realmente somos e quem nos tornamos para sermos aceitos, aprovados e incentivados ao longo da vida. Muito mais do que perder o amor de outras pessoas, nosso medo mais profundo é sentir toda a dor emocional reprimida que se acumulou dentro de nós ao longo de tantos anos tentando ser alguém ou alguma coisa que não somos, só para agradar a outras pessoas.

Quanto mais negamos o que sentimos, precisamos e desejamos, mais permanecemos desconectados de nosso eu autêntico, e mais frustrante, triste e tóxica se torna nossa vida. Se quisermos encontrar paz e autorrespeito e desfrutar da vida, temos que nos perdoar por não termos nos aceitado no passado e assumir o compromisso de não nos rejeitar outra vez. Quando crianças, não sabíamos como nos aceitar e nos defender. Mas não somos mais crianças, e temos o poder e a consciência para enfrentar e sentir tudo aquilo de que nos desconectamos. Temos a força e a coragem interior para finalmente incorporar a totalidade de quem somos.

Evoluir como ser humano é o processo pelo qual o que é inconsciente e fragmentado dentro de nós se torna consciente e integrado. Essa expansão da consciência e sensação de espaço interior é necessária para irmos além da mera sobrevivência e prosperar com todos os aspectos da vida. Essa é a verdadeira adaptação no que diz respeito a navegar de forma eficaz nossos ambientes internos e externos, e é a chave para manter nosso instinto e nossa intuição fortes.

Outra maneira de dizer isso é que nosso crescimento pessoal, nossa saúde e nossa felicidade dependem de nossa vontade de acolher tudo aquilo que julgamos, rejeitamos e escondemos no passado. Por essa razão, cada momento nos oferece uma oportunidade de aceitar o que sentimos, pensamos, queremos e precisamos sem permitir que nossos medos resultem em mais autorrejeição e, portanto, mais sofrimento.

A maior parte da autocrítica vem, na verdade, de negar nosso verdadeiro eu, porque quando fazemos isso estamos mentindo para nós mesmos e para os outros. Então, nos punimos por isso. É por isso que encontrar a coragem de falar e agir agora com base nos nossos verdadeiros sentimentos é a forma mais prática de aceitar tudo que somos, bem como o caminho mais direto para aproveitar a vida.

Perguntas práticas

» O que no momento presente você julga, rejeita, nega ou esconde em si mesmo?

» O que no momento presente você julga, rejeita, nega ou esconde em sua vida?

» O que no passado você julga, rejeita, nega ou esconde em si mesmo?

» O que no passado você julga, rejeita, nega ou esconde em sua vida?

» Quando está com outras pessoas, o que você normalmente julga nelas? Consegue ver como isso reflete o que julga em si mesmo?

» Quais são suas principais inseguranças neste momento?

» O que você teme que as pessoas saibam sobre, sua vida ou seu passado? Você tem algum segredo que esconde de todos ou de certas pessoas? Se sim, de quem os esconde e por quê?

» Se você pudesse viajar no tempo e falar com si mesmo quando criança, o que diria a ele ou a ela em relação a ser fiel a si mesmo o tempo todo?

» Em que pode focar sua energia hoje que represente você aceitando o que ama fazer, o que quer fazer ou o que precisa fazer?

Afirmações-chave

» Tudo bem que eu me julgue às vezes.

» Quando julgo a mim mesmo ou a outras pessoas, estou apenas me protegendo da dor.

» Eu aceito todo o meu eu. Acolho minha escuridão e minha luz.

» Não preciso negar aquilo que sou para ser amado.

» Sou digno de amor do jeito que sou. Mereço ser amado por quem realmente sou.

» Eu posso viver minha vida do meu jeito. Não estou aqui para agradar aos outros ou fazê-los felizes.

» Estou aqui para ser eu mesmo e aproveitar minha vida.

» Aceitar a mim mesmo significa aceitar e respeitar meus sentimentos, meus pensamentos, minhas necessidades e meus sonhos.

CAPÍTULO 18

Perdoe-se

Só podemos encontrar a paz pelo perdão completo.

— Helen Schucman,
Um curso em milagres, **1976**

> Onde quer que esteja, inspire devagar e profundamente, levando o ar até a barriga. É importante que neste momento você foque a atenção em si mesmo. Sinta todo o seu corpo, dos pés ao topo da cabeça, e depois até a ponta dos dedos. Livre sua mente de pensamentos intrusos. Relaxe qualquer tensão e deixe-se ser. Usando cada inspiração para abrir o corpo e criar espaço interior, dê boas-vindas a tudo o que está pensando, sentindo e experimentando aqui neste momento. Na expiração, imagine todas suas dificuldades indo embora. Esteja presente no seu corpo e na sua respiração.

No fundo, somos todos pessoas boas e amorosas e, no entanto, vivemos com coisas que dissemos ou fizemos que lutamos para perdoar. Independentemente de quão mal, culpados, envergonhados, zangados ou arrependidos nos sentimos em relação a situações e decisões do passado, temos de entender, em algum momento, que cada experiência estava nos despertando para nosso verdadeiro eu e nosso propósito de vida. Se agimos inconscientemente e causamos dor a nós mesmos ou aos outros, foi sempre porque tínhamos lições a aprender para que pudéssemos evoluir e crescer. A vergonha, a culpa, a raiva e o arrependimento que ainda sentimos e armazenamos de forma inconsciente no corpo guardam joias de sabedoria que estão esperando para nos ensinar o que é mais importante na vida — verdade, honestidade, perdão, aceitação e amor incondicional.

Se não nos abrirmos para perdoar as coisas do passado pelas quais ainda sentimos vergonha, culpa, raiva ou arrependimento, isso nos impedirá de encontrar paz interior e felicidade duradouras. As emoções tóxicas ligadas ao que permanece sem perdão nos levam a criar mais experiências nas quais temos sentimentos negativos sobre nós e nossa vida. Não vamos parar de criar situações dolorosas no presente até percebermos que estamos fadados a nos perdoar e seguir em frente com a vida.

Não importa quão mal nos sentimos em relação a atitudes do passado, todos somos capazes e merecedores de perdão. Cada um de nós merece ser perdoado pela dor que causou a outras pessoas, mas só poderemos aceitar ou receber abertamente esse perdão quando entendermos por que agimos daquela maneira. Mesmo quando a pessoa que magoamos com nossas atitudes não nos perdoou, ainda podemos nos perdoar, enfrentar a culpa e a vergonha e crescer com a experiência. Tudo que fazemos e experimentamos nesta vida é para aprender, inclusive os nossos erros. Na verdade, o que chamamos de erros são as lições de vida que mais precisamos aprender para crescer em consciência, humildade e compaixão. Se quisermos de verdade nos curar e sermos felizes, precisamos entender as lições inerentes às situações dolorosas que criamos, porque essa consciência é o que vai nos permitir desatar os nós de vergonha, culpa, raiva e arrependimento ligados a essas experiências passadas.

De fato, pode ser difícil nos perdoar quando magoamos sem querer pessoas que amamos neste momento ou no passado. Da mesma forma, pode ser um desafio nos perdoar quando nos culpam por mais do que fomos responsáveis em uma situação que se tornou dolorosa. Mas, em algum momento, independentemente de quanto sofrimento causamos ou que os outros achem que causamos, temos que nos perdoar, porque os sentimentos reprimidos dessa situação não só nos impedirão de seguir em frente e nos farão infelizes, como também vão trazer toxicidade a todas as células do corpo e a todas as situações da vida. Quando nos perdoamos, abrimos espaço para que a bondade brilhe através de nossos pensamentos, nossas atitudes e nossas palavras, o que é muito melhor para o mundo do que ficarmos presos em vergonha, culpa ou arrependimento. É assim que ficamos mais sábios e paramos de agir ou reagir de maneiras inconscientes que resultam em dor para nós mesmos ou para os outros.

> Uma pessoa será chamada a prestar contas no juízo final por cada coisa permissível de que poderia ter desfrutado mas não desfrutou.
> — **Talmude**

Além de nos perdoar pela dor que causamos a outras pessoas, devemos aprender a nos perdoar pela dor que está na origem de toda dor que já criamos em nossa vida. Devemos voltar a cada estágio da nossa vida e nos perdoar por nos comprometermos, nos trairmos e nos machucarmos pelo amor, aceitação, aprovação e apoio condicionais de outras pessoas. Devemos voltar no tempo e nos perdoar por negligenciar quem realmente somos, porque essa dor que causamos a nós mesmos desde crianças é, na verdade, a razão subjacente de toda a dor que já criamos ou permitimos.

Para encontrar paz interior, saúde e felicidade duradouras, em algum momento temos que nos perdoar por termos rejeitado nosso verdadeiro eu para agradar aos outros. Temos que nos perdoar por termos sido tão duros, críticos e agressivos conosco. Temos que nos perdoar por termos nos enganado e fugido dos nossos verdadeiros sentimentos com tanta regularidade. Esse processo só se aprofunda porque precisamos nos perdoar por termos assumido condições para nos amarmos completamente. Temos que nos perdoar por toda a dor, confusão e frustração que criamos para nós mesmos por viver com medo. No fim, somos todos desafiados a aceitar, valorizar, respeitar e ser fiéis a nós mesmos em todas as situações para pararmos de nos machucar mais e criarmos uma vida saudável, feliz e autêntica, na qual não haja mais o que perdoar.

A única chave-mestra para entender como perdoar a nós mesmos é esta: não se machuque novamente nem se deixe ferir pelos outros. Quando fala e age com bondade e honestidade em cada situação, você para de se trair e de se permitir permanecer em situações pouco saudáveis. Então, a verdade amorosa por trás de suas palavras e atitudes pode curar a dor do passado de dentro para fora, sem ser sabotada por uma dor que criamos.

Perguntas práticas

» O que em sua vida hoje ainda faz você sentir culpa, vergonha, raiva ou arrependimento?

» O que em seu passado faz você sentir culpa, vergonha, raiva ou arrependimento?

» Consegue ver que o único motivo para ter ferido outra pessoa foi estar magoado ou confuso com você mesmo e, por isso, ter evitado a verdade de alguma forma?

» Em que momentos você ainda se compromete e abandona seus verdadeiros sentimentos, necessidades e desejos?

» Em que momentos você se traiu no passado? Em que momentos ainda se julga em sua vida? Como você ainda é duro com si mesmo?

» Em que pode você focar sua energia que represente seu valor e, portanto, respeitando aquilo que ama, quer ou precisa fazer?

Afirmações-chave

» No fundo eu sei que sou uma boa pessoa.
» Tudo acontece por uma razão.
» Eu me perdoo pela dor que causei aos outros.
» Eu me perdoo por machucar [nome(s) da(s) pessoa(s) que você machucou]. Meus erros na vida foram propositais e necessários.
» Eu me perdoo por não saber me amar.
» Eu me perdoo pela dor e pelo desrespeito que permiti.
» Eu me perdoo por não ser fiel a mim mesmo e não me valorizar.

CAPÍTULO 19

Transforme a raiva, a dor e o ódio

Você não será punido por causa da sua raiva, você será punido pela sua raiva. Agarrar-se à raiva é como segurar um carvão em brasa com a intenção de jogá-lo em outra pessoa; você é o único que se queima.

— Buda

> Onde quer que esteja, inspire devagar e profundamente, levando o ar até a barriga. É importante que neste momento você foque a atenção em si mesmo. Sinta todo o seu corpo, dos pés ao topo da cabeça, e depois até a ponta dos dedos. Livre sua mente de pensamentos intrusos. Relaxe qualquer tensão e deixe-se ser. Usando cada inspiração para abrir o corpo e criar espaço interior, dê boas-vindas a tudo o que está pensando, sentindo e experimentando aqui neste momento. Na expiração, imagine todas suas dificuldades indo embora. Esteja presente no seu corpo e na sua respiração.

Todos magoamos outras pessoas com palavras e atitudes. É por isso que aumentamos nossa capacidade de perdoar os outros à medida que aprendemos a perdoar a nós mesmos. Se, no entanto, não reconhecermos honestamente o que vemos como nossos próprios erros e, portanto, não aprendermos as lições inerentes a essas experiências, vamos continuar tendo dificuldades para perdoar os outros pelo que ainda percebemos como imperfeições deles, em especial as que sentimos que nos magoaram. Só quando realmente nos perdoamos é que nos abrimos para entender que todos ainda estão aprendendo e crescendo. Conforme aprofundamos a consciência de como e por que nós mesmos criamos no passado situações em que causamos dor, seja a nós mesmos, seja aos outros, desenvolvemos também mais compaixão por outras pessoas.

Com o tempo, percebemos que a única razão para nós ou qualquer um termos criado dor para outra pessoa é que, no fundo, estamos magoados, confusos e reagindo. À medida que passamos a entender melhor nossas escolhas e atitudes, também entendemos por que os outros agiram ou agem de maneiras que nos causaram ou nos causam dor. Esse novo nível de compreensão nos permite perdoar as outras pessoas, especialmente quando podemos ver o quanto estão ou estavam assustadas ou desapercebidas.

Se formos honestos conosco, com o tempo vamos perceber que não somos diferentes nem melhores do que ninguém, então julgar alguém como "errado" ou "ruim", por qualquer motivo, é apenas outra forma sutil de um comportamento destrutivo e inconsciente. Todos, incluindo você e eu, estamos apenas procurando amor, conexão, segurança, compreensão e felicidade, mesmo quando criamos caos ou dor nesse processo.

De uma perspectiva estritamente egoísta, perdoar os outros é muito mais saudável do que guardar raiva, ressentimento ou ódio, porque essas emoções negativas e agressivas só corroem nossa saúde, felicidade e bem-estar. Elas também nos impedem de avançar na vida. Por isso é tão importante enfrentar a mágoa, a raiva, o ressentimento e o ódio que guardamos por outras pessoas ou outros grupos, porque sempre que nos permitimos viver com essa dor por longos períodos estamos literalmente abrindo mão da nossa vida e da nossa alegria por meio dessa forma sutil de vitimização. Ao justificar por que não podemos assumir total responsabilidade por nossa própria paz interior e felicidade, acabamos nos tornando mais doentes e infelizes, independentemente de como se sente a pessoa que esperamos que se sinta mal e culpada. Quando enfim encontramos a força, a sabedoria e a humildade para perdoar os outros e seguir em frente com a nossa vida, no entanto, podemos com facilidade recuperar a energia para aproveitar a vida de forma egoísta e nos concentrarmos em tudo aquilo que amamos.

> Quando outra pessoa te faz sofrer, é porque ela sofre tão profundamente dentro de si mesma, que seu sofrimento começa a transbordar. Ela não precisa de punição, mas de ajuda.
>
> **— Thich Nhat Hanh**

Em algum momento, você vai ver com clareza que, para amar a si mesmo de todo o coração e aproveitar a vida, você é preciso incorporar o amor incondicional, trazendo o verdadeiro perdão ao mundo. Quando se trata de perdoar outras pessoas, sempre fechamos o ciclo trazendo o perdão de volta a nós mesmos. Quando sofremos por causa de outra pessoa, quase sempre é porque permitimos que isso acontecesse. Porque de alguma forma não estávamos atentos e provavelmente nos comprometendo, nos abandonando ou nos traindo para agradar o outro.

Se ainda nos sentimos muito magoados com alguém por qualquer motivo, o xis da questão sempre está em não sabermos nos valorizar e sermos fiéis a nós mesmos. E a única maneira de avançar é falar e agir com honestidade, bondade e autorrespeito, porque assim curamos o passado e seguimos em frente. Por isso, perdoe-se pelo o que deixou acontecer. Você não sabia como agir de outra forma. Estava aprendendo, como todos nós. Abra-se também para perdoar aqueles que você sente que o magoaram de alguma forma. Eles também estão aprendendo. Como falamos, a chave para perdoar a nós mesmos e aos outros é nunca mais nos rejeitar ou nos trair. A essa altura da vida, você pode se defender, assumir a responsabilidade por sua vida e nunca mais se permitir ser vítima da inconsciência de outra pessoa. Por ser fiel a si mesmo, mesmo quando tem medo, tudo será perdoado, e você finalmente estará livre para aproveitar sua vida. Se tivesse que escolher entre ser feliz e permanecer preso à mágoa, à raiva e ao ódio, o que você escolheria?

Perguntas práticas

» Existem pessoas em sua vida que você sente que feriram, traíram, violaram ou prejudicaram você de alguma forma? Quem são essas pessoas pelas quais você sente raiva, ressentimento ou ódio, e por que se sente assim?

» Você perdoou completamente essas pessoas pela dor que sente que elas lhe causaram? Se não, por quê? Está pronto para perdoá-las, se perdoar e seguir em frente com sua vida?

» Alguém partiu seu coração e você não perdoou?

» Você odeia alguém ou alguma coisa? Se sim, quem, o quê e por quê?

» Você realmente quer entregar sua saúde, sua felicidade e sua paz para as pessoas que o machucaram ou não o valorizaram?

» Consegue ver como em cada situação e relacionamento em que se sentiu magoado ou explorado, você se traiu de alguma forma? Pode se perdoar por não saber falar e agir a partir de seus verdadeiros sentimentos?

» Em que momento você precisa falar e agir com base em seus verdadeiros sentimentos, necessidades e desejos para que pare de se machucar ou de se deixar machucar?

Afirmações-chave

Faça uma lista com o nome de todas as pessoas por quem você sente raiva, ressentimento, mágoa ou ódio. Então, coloque na seguinte afirmação:

» Eu perdoo [nome da pessoa], e me liberto.
» Eu me perdoo por não saber. Eu me perdoo por não me amar.
» Eu sou amor, e o amor perdoa naturalmente.
» Eu também agi de maneiras que magoaram outras pessoas.
» Como posso não tentar perdoar os outros por fazerem o mesmo?
» Posso perdoar sem ser ingênuo. Posso perdoar e me valorizar seguindo em frente.
» Estou pronto para perdoar e seguir em frente com meu propósito de vida.
» Eu me perdoo por buscar o amor, a aceitação, a aprovação e o apoio de outras pessoas em detrimento de mim mesmo.

CAPÍTULO 20

Siga o seu coração

Se todo mundo aprova o que você está fazendo, sugiro que reconsidere o que está fazendo.

— **Conde de St. Germain**

> Onde quer que esteja, inspire devagar e profundamente, levando o ar até a barriga. É importante que neste momento você foque a atenção em si mesmo. Sinta todo o seu corpo, dos pés ao topo da cabeça, e depois até a ponta dos dedos. Livre sua mente de pensamentos intrusos. Relaxe qualquer tensão e deixe-se ser. Usando cada inspiração para abrir o corpo e criar espaço interior, dê boas-vindas a tudo o que está pensando, sentindo e experimentando aqui neste momento. Na expiração, imagine todas suas dificuldades indo embora. Esteja presente no seu corpo e na sua respiração.

Cada desejo do nosso coração é o impulso evolutivo da vida e da natureza em direção à paz interior, à felicidade duradoura e à realização de todo o nosso potencial. Os desejos do nosso coração são, de fato, os desejos do universo inteligente de se conhecer e se expressar através de nossa vida. Ao contrário de nossas crenças limitantes, somos perfeitamente capazes de criar, ter e alcançar os desejos que persistem em nosso coração ao longo do tempo. Temos apenas que encontrar a autoestima para nos valorizar e, assim, não nos contentarmos com nada menos que isso. Cada desejo intenso que experimentamos contém uma lição vital que devemos aprender para encontrar a coragem de sermos fiéis a nós mesmos, de trazer amor incondicional ao mundo e de desfrutar todos os dias da vida.

Algumas escolas de pensamento ensinam que o desejo leva ao sofrimento e, portanto, deve ser reprimido, ou que não devemos colocá-lo em prática. Mas na minha experiência isso não é de todo verdadeiro. O desejo leva ao sofrimento quando nos apegamos a conseguir o que queremos, porque estamos tentando evitar nós mesmos, nosso sofrimento ou uma situação específica. O desejo também pode levar ao sofrimento quando precisamos aprender uma lição crítica que, mais tarde, nos será muito útil. No entanto, quando abordamos nossos verdadeiros sentimentos no presente e enfrentamos as feridas emocionais não resolvidas do passado, podemos sentir ao mesmo tempo o desejo de criar, desfrutar e alcançar certas coisas sem que isso leve à dor.

O desejo livre de negação e medo, na verdade, leva à alegria, à expressão criativa saudável e à paz. A força evolutiva do universo, que está viva dentro de cada uma de nossas células, nos guia sempre em direção à saúde e à felicidade que buscamos através dos desejos. Por mais que tentemos, o desejo do universo de se expressar através da nossa existência física não pode ser interrompido, porque você e eu somos parte, e o resultado dessa força e dessa inteligência criativa que deseja profundamente se conhecer é se divertir através de tudo e todos que existem. Não podemos impedir que o desejo surja em nós. Mesmo que o que desejamos nos cause dor, ironicamente, é o próprio desejo que acaba nos dando força para enfrentar as causas subjacentes de nosso sofrimento. Se, por um período, desejamos ter muito prazer apenas para evitar o que é difícil em nossas vidas, uma hora vamos perceber que isso não traz paz, felicidade e alívio duradouros que pensávamos. À medida que enfrentamos esse fato, podemos aceitar as emoções desconfortáveis que evitamos ou contra as quais nos entorpecemos e, finalmente, curá-las. Esse processo dá origem a uma forma pura de desejo, que vai nos orientar a desfrutar a vida e o amor com paz e verdade no coração.

Se negarmos sem parar o que desejamos, acabaremos reprimindo a vida e o amor que tentam se expressar através de nós. Ao rejeitar nossos desejos, rejeitamos sem querer as lições e a cura para a qual eles nos levam. Muitas vezes, também estamos rejeitando a verdade, o que nos leva a viver uma mentira. Por tantas razões, é sempre bom analisarmos o que realmente queremos, para que possamos aprender as lições necessárias e incorporar o que é honesto para nós. Não importa se no começo desejamos comida, álcool, drogas, sexo, dinheiro, atenção, fama, reconhecimento, amor ou liberdade; honrar essa verdade interior, mesmo que ela nos cause dor, é melhor que negar constantemente a existência desse desejo, porque é só através do desejo excessivo por qualquer coisa ou pessoa que, em algum momento, encontramos equilíbrio e aprendemos a valorizar a moderação e a autodisciplina. Como um pássaro que voa com insistência contra uma janela e se machuca por não ver o vidro, nós também temos que ir atrás de coisas que causam dor antes de escolhermos não ir. É assim que aprendemos a valorizar mais nosso tempo e nossa energia, e nos sentimos em paz com a escolha.

Para desfrutar profundamente da vida, temos que ir atrás do que desejamos para que possamos também enxergar através da ilusão de que isso nos fará feliz ou nos preencherá para sempre, de alguma forma. Não há como contornar isso a menos que nos confinemos em uma caverna, e mesmo assim a maioria não vai encontrar o que está procurando de verdade. Ao seguir nosso coração, acabamos percebendo exatamente aquilo que precisamos perceber sobre o que sustenta nosso bem-estar e nosso amor-próprio e o que não os sustenta, porque é só por tentativa e erro que aprendemos a aproveitar a vida todos os dias de maneira não tão autodestrutiva. Essa dança entre aquilo que desejamos e o prazer e a dor associados a ele sempre leva a uma compreensão clara do plano perfeito do universo para nos acordar e nos ajudar a lembrar que toda paz, felicidade, liberdade e amor que almejamos só serão encontrados dentro de nós.

Não podemos reprimir nossos desejos na esperança de evitar a dor, porque nunca podemos nos libertar do sofrimento evitando o sofrimento. A felicidade autêntica só pode ser encontrada quando entramos com coragem no âmago da dor com amor incondicional por nós mesmos. O desafio é sempre seguir nossa voz interior, porque, quando a seguimos, o amor dentro de nós cura naturalmente e preenche as feridas mais profundas de dentro para fora. Mesmo quando mascarados por um comportamento autodestrutivo e de busca de prazer, os desejos acabam nos fazendo render a uma verdade superior, porque nosso coração está sempre nos guiando a amar a nós mesmos, aos outros e a toda a vida incondicionalmente, mesmo que nos machuquemos em algum grau nesse processo. No fim, todo desejo vai nos levar à sabedoria, à paz e à liberdade.

> O amor não tem outro desejo senão realizar-se.
> — Khalil Gibran

Todo mundo quer prosperar em um corpo saudável e ser uma expressão completa do verdadeiro eu. Tenho certeza de que você concorda que seus desejos mais profundos são sentir-se bem, sentir amor, alegria, sentir-se suficiente, sentir paz, segurança, sentir-se inspirado, conectado, compreendido, valorizado, respeitado e apreciado por quem você realmente é. Qualquer momento em que não sentimos essas qualidades em nossa experiência de vida é uma indicação clara de que precisamos nos valorizar mais, seguir nosso coração e sermos mais honestos em algum aspecto de nossa vida. Sempre que nos sentimos infelizes, inseguros, com medo, carentes, frustrados, culpados, envergonhados, solitários ou doentes, nossa alma clama para que sejamos fiéis a nós mesmos e nos concentremos no que nos faz sentir vivos.

Está claro que a principal razão para não seguirmos nosso coração o tempo todo é quem e o que tememos. Mas mesmo quando temos dúvidas e preocupações, nosso coração nunca para de nos direcionar para onde devemos estar e ao que devemos fazer. Todos tememos os territórios desconhecidos para os quais estamos sendo guiados, porque seguir em frente exige que mudemos e cresçamos além da nossa zona de conforto. Ironicamente, muitos temem até experimentar a vida de maneira positiva, porque nunca conheceram nada melhor ou diferente. No nível inconsciente, na verdade, temermos ser saudáveis e felizes na maior parte do tempo, porque isso não é apenas uma experiência estranha, mas também pode mostrar para as outras pessoas o quanto elas são infelizes, o que nos faz sentir culpa.

Às vezes, temos medo de sentir culpa por desistir de um emprego ou de um relacionamento que não é bom ou não reflete mais o que realmente queremos. Às vezes, sentimos culpa por querermos fazer uma coisa que precisamos fazer num determinado dia, quando os outros têm expectativas em relação a nós ou estão enfrentando as próprias dificuldades. Outras vezes, tememos a dor decorrente da perda ou a dor de nos sentirmos sozinhos no mundo. Muitas vezes, tememos ferir outras pessoas quando tomamos a decisão de ser fiéis a nós mesmos e seguir a orientação do nosso coração, porque pode ser que a direção de nosso crescimento nos afaste de pessoas que são ou foram muito importantes. No entanto, é crucial saber que o medo mais profundo envolve sentir a dor emocional que nós mesmos criamos no passado, quando nos abandonamos e traímos nossa verdade interior.

Em vez de enfrentar essas emoções à medida que elas surgem, muitos só permanecem nas situações e nos relacionamentos em que não estão felizes porque não estão preparados para assumir a responsabilidade pelo que realmente estão sentindo ou porque não sabem como assumir essa responsabilidade. Tendemos a continuar agradando as pessoas ao nosso redor para evitar o sentimento de culpa e as críticas daqueles que têm expectativas doentias em relação a nós. É muito importante entender que, quando tememos ferir o outro, na maioria das vezes o que tememos é enfrentar o que surgirá dentro de nós quando abordarmos de verdade aquilo que não parece bom e autêntico em um ponto específico da nossa vida. Os medos surgem e a mente entra em ação para justificar e racionalizar por que deveríamos ficar onde estamos infelizes, só para evitar as implicações de sermos honestos. Por hábito, rejeitamos nossos verdadeiros sentimentos para manter uma sensação de controle sobre todos os aspectos da nossa vida.

> Seja qual for o caminho que você escolher, sempre haverá alguém para dizer que você está errado. Sempre surgirão dificuldades que o tentam a acreditar que seus críticos estão certos. Fazer um plano de ação e segui-lo até o fim requer coragem.
> — Ralph Waldo Emerson

Um dos maiores obstáculos para seguirmos nosso coração é o medo de como os outros vão nos julgar ou o que vão pensar de nós. Quando reagimos dessa maneira, permitimos que os medos controlem nossa vida e nos destruam. Pensamentos e hábitos baseados no medo nos levam a nos ver como vítimas e a sentir pena de nós mesmos, quando, na realidade, só não estamos sendo honestos com nossas palavras e atitudes aqui no presente. O que muitas vezes não percebemos é que tentar agradar todos à nossa volta o tempo todo é o atalho para a depressão, o ressentimento e outros problemas de saúde. Se continuarmos nos rejeitando e temendo o julgamento dos outros, criaremos um tremendo sofrimento além da dor da qual já estamos tentando nos libertar. O que as pessoas pensam de nós e como elas nos julgam e reagem a nós não é nossa responsabilidade. Desde que sejamos honestos e gentis ao expressar nossos sentimentos, necessidades e desejos, o que fazemos com nossa vida interessa somente a nós e a mais ninguém.

É muito libertador saber que a única razão pela qual outra pessoa nos julga é porque ela julga a si mesma. E ela só se julga porque não se sente bem com alguma coisa na própria vida. Ao nos julgar, ela se protege inconscientemente de tudo que permanece não curado e não amado dentro dela. Então, sempre que você se sentir julgado ou tiver medo de ser julgado, tudo que precisa fazer é ser fiel a si mesmo e não levar para o lado pessoal os julgamentos de outras pessoas. Quando aprendemos a nos amar de maneira incondicional, também aprendemos a seguir o coração sem preocupação ou medo do que outras pessoas vão pensar. Quando respeitamos de verdade a força profunda dentro de nós, não só nos respeitamos mais por causa dela, mas também percebemos que negar sua orientação só cria mentiras e infelicidade. Acabamos entendendo que nossos próprios julgamentos e medos são os únicos obstáculos que nos impedem de progredir, e todo o resto é só mais uma desculpa para reclamarmos ou nos colocarmos na posição de vítima. Quando paramos de nos julgar e finalmente superamos nossos medos, deixamos de atrair tanto o julgamento dos outros e, quando ele acontece, estamos ocupados demais aproveitando a vida para desperdiçar energia com isso.

Junto ao medo de sermos julgados vem o medo do fracasso. Negamos a voz do nosso coração com frequência por termos medo de tomar a decisão "errada" ou de mudar de ideia no meio do caminho. O que vão pensar de mim? E se eu desistir ou não conseguir seguir adiante? E se eu decidir que quero ou gosto de alguma coisa diferente? E se eu não for bom o suficiente, inteligente o suficiente ou forte o suficiente? Mesmo que tenhamos medo de falhar em alguma coisa, sempre nos sentiremos melhor por tentar, independentemente do resultado. O verdadeiro fracasso está em não tentar nada, em não ir atrás do que queremos e amamos com todo a força do coração e da alma.

No fim, o sucesso não é definido pela realização de uma meta; ele é definido pela coragem e pela força que encontramos dentro de nós, o que leva à paz interior, à realização e ao autorrespeito. Ao seguir nosso coração todos os dias, construímos de forma natural a fé em nós mesmos, porque, quanto mais respeitamos nossa orientação interior, mais acreditamos que ela está nos levando aonde devemos ir. Esse processo aprofunda de maneira orgânica nossa autoconfiança, que vai aumentando a cada passo que damos para desfrutar da vida de verdade.

Descobri que seguir meu coração no presente é uma maneira de manter meu dedo no pulso do universo, que nunca me orienta na direção errada. A partir dessa perspectiva, não podemos tomar uma decisão errada, pois toda vez que seguimos nosso coração estamos vivendo exatamente o que precisamos viver para nosso crescimento e nossa evolução. Se nos pegarmos desejando algo diferente a qualquer momento, não tem nada de errado em escolher uma nova direção, porque à medida que nos tornamos mais conscientes fica mais claro para nós o que queremos, precisamos e valorizamos. É sempre melhor arriscar, pular, tentar, aprender e crescer do que ficar paralisado por quem e o que tememos. É sempre melhor ser honesto e viver, explorar e amar do que sofrer silenciosamente com o arrependimento. A vida não tem a ver com nosso destino, mas com quanto vivemos cada momento e cada dia de maneira plena e autêntica. Com quanto e como nos amamos. Se atingimos um objetivo, mas traímos nossa verdade interior ao longo do caminho, nunca sentiremos o sucesso e o autorrespeito que procuramos. Só vamos ter sucesso na vida quando seguirmos nosso coração e sabermos, em cada célula do corpo, que fomos fiéis a nós mesmos e aos outros. Quando a vida é construída sobre o sucesso que nasce de nos amarmos e vivermos com integridade, não só nos libertamos do sofrimento, como descobrimos que os fundamentos da nossa existência diária se tornaram tão fortes, que nunca mais vamos ter medo de falhar em nada que o coração nos inspire a fazer.

Perguntas práticas

» Em seu coração, o que você quer e de que precisa agora?
» O que você quer sentir, experimentar, criar, fazer e realizar?
» Quem ou o que você está permitindo que lhe impeça?
» De quem ou do que você tem medo? Que julgamento teme?
» A aprovação de quem você busca de maneira autodestrutiva?
» Que histórias você está contando a si mesmo que apenas mascaram seu medo do fracasso, do julgamento e de sentir sua dor emocional?
» Você está pronto para ir além de suas histórias e seus medos?
» Se não for hoje, quando você vai além deles?
» Você quer viver uma vida definida pelo arrependimento?

Afirmações-chave

» Quando sigo meu coração, tudo sempre acontece da melhor maneira.

» Eu crio tudo o que desejo com facilidade.
» Meu coração é o coração de cada ser humano.
» O amor é o meu desejo final.
» Ao seguir meu coração, eu o curo e encontro o amor que procuro.
» O que as outras pessoas pensam de mim não é do meu controle.
» Tenho tudo de que preciso dentro de mim para criar uma vida plena.
» Só eu posso me dar permissão para ser feliz.

Todos os homens sonham, mas não da mesma maneira. Aqueles que sonham à noite nos recessos empoeirados da sua mente acordam de dia e descobrem que era apenas vaidade: mas aqueles que sonham de dia são perigosos, pois podem agir em seus sonhos com os olhos abertos e torná-los sua realidade.

— T. E. Lawrence

CAPÍTULO 21

Libere seu medo

Nosso medo mais profundo não é o de ser inadequado. Nosso medo mais profundo é sermos poderosos além da medida. É a nossa luz, e não a nossa escuridão, que mais nos assusta. Nós nos perguntamos, quem sou eu para ser brilhante, lindo, talentoso e fabuloso? Na verdade, quem é você para não ser? Você é um filho de Deus. Sua modéstia não serve ao mundo. Não há nada de iluminado em encolher para que outras pessoas não se sintam inseguras perto de você. Nascemos para manifestar a glória de Deus que está dentro de nós. Não só em alguns de nós: em todos. E quando deixamos nossa luz brilhar, inconscientemente damos permissão para outras pessoas fazerem o mesmo. À medida que nos libertamos do medo, nossa presença liberta outras pessoas.

— Marianne Williamson

> Onde quer que esteja, inspire devagar e profundamente, levando o ar até a barriga. É importante que neste momento você foque a atenção em si mesmo. Sinta todo o seu corpo, dos pés ao topo da cabeça, e depois até a ponta dos dedos. Livre sua mente de pensamentos intrusos. Relaxe qualquer tensão e deixe-se ser. Usando cada inspiração para abrir o corpo e criar espaço interior, dê boas-vindas a tudo o que está pensando, sentindo e experimentando aqui neste momento. Na expiração, imagine todas suas dificuldades indo embora. Esteja presente no seu corpo e na sua respiração.

Da mesma maneira que ninguém quer ter uma vida infeliz ou sofrer de alguma doença, ninguém deseja sentir medo no dia a dia. Se você não aborda de forma direta seus medos subjacentes, você os projeta constantemente em sua ideia de futuro, o que o fará criar uma vida definida pelo que teme, e não pelo que ama.

O medo que não é encarado e transformado hoje vai sempre nos levar a pensar, falar e agir de forma a provocar as situações e experiências que mais tememos. Quando permitimos que isso não mude sem termos consciência disso, continuamos reafirmando nossas crenças limitantes enquanto destruímos nossa saúde, nossa felicidade e tudo que pode ser positivo em nossa vida.

Quando prestamos atenção a quem e o que tememos neste momento, podemos questionar por que estamos com medo e começar a enxergar através dos pensamentos e das emoções que estão nos prendendo e nos deixando doentes ou infelizes. Assim, entendemos naturalmente que nossos medos atuais têm raízes no passado e podemos parar de esperar, involuntariamente, que os mesmos eventos negativos ou dolorosos ocorram.

À medida que nos tornamos mais conscientes dos nossos pensamentos baseados em medo, podemos ver como experiências não resolvidas moldam e limitam nossa crença de como podem ser e serão nossas experiências do futuro. A dor que sentimos no coração e o medo de nos machucarmos novamente nos levam a ter expectativas negativas do porvir. Mas, ao trazer mais consciência para nossos pensamentos e nossos hábitos baseados em medo no presente, podemos mudar isso e parar de limitar as oportunidades incríveis que cada novo dia apresenta.

Ao aprender a processar nossos medos conforme eles surgem, podemos abrir mão deles e abandonar as expectativas de experimentar o que tememos. Também é assim que deixamos para trás a crença de que o futuro será tão difícil quanto o passado, o que libera mais espaço e energia para aproveitarmos a vida hoje.

> A caverna em que você tem medo de entrar guarda o tesouro que você procura.
>
> — **Joseph Campbell**

Em termos práticos, existem duas maneiras principais de transformar o medo dentro de você. As duas abordagens dependem primeiro de você ser honesto com si mesmo no presente, e não fugir do que teme pensando no futuro ou se ocupando na esperança de se distrair da verdade.

A primeira maneira de transformar seus medos é escrever ou falar sobre eles com uma pessoa de confiança. Muitas vezes, não compartilhamos nossos medos mais profundos com ninguém, porque negamos que eles existam ou nos julgamos por senti-los. Quando nos julgamos por ter medo, projetamos o julgamento que fazemos de nós mesmos nos outros, o que nos leva a ter medo de sermos julgados pelas outras pessoas. Quer neguemos nossos medos, quer nos julguemos por tê-los, eles permanecem presos dentro de nós, conduzindo nossas escolhas de maneira inconsciente a cada momento e criando mais sofrimento. Tudo a que resistimos dentro de nós sempre vai persistir e crescer nas sombras do nosso corpo e do nosso inconsciente. Os medos não desaparecem quando os evitamos.

Na verdade, eles crescem em poder e influência destrutiva. Quando começamos a escrever sobre nossos medos ou falar sobre eles com alguém em quem confiamos, vamos enxergando através deles e, assim, liberando a força vital que ficou presa no ciclo contínuo de medo dentro de nós. Expressar nossos medos quebra imediatamente esse ciclo e nos permite recuperar a energia que gastamos tentando fingir sentir algo diferente do que sentimos.

A segunda maneira de transformar seus medos é se concentrar no amor — escolher intencionalmente o amor o máximo possível todos os dias. Concentrar nossos pensamentos, ações e palavras no amor é uma chave para ser feliz e estar bem que negligenciamos com frequência. Concentramos muito tempo e energia mental nas coisas que não amamos e tememos e, assim, sem querer, fazemos essas coisas crescerem. Quando treinamos a mente para focar em quem amamos, no que amamos e no que amamos fazer, estamos concentrando nossa energia no que nos faz sentir vivos e bem. Aquilo em que nos concentramos cresce da mesma forma que persiste aquilo a que resistimos. Portanto, focar no que amamos leva energia para a manifestação de mais experiências que apreciamos. Embora experimentar mais do que não quer ou mais do que teme seja a última coisa que qualquer um escolheria, muitos estão presos nesse padrão autodestrutivo porque não conhecem nada diferente. Mas agora que entende esse processo, você pode encontrar uma maneira de expressar seus medos e optar por se concentrar naquilo que você ama todos os dias, tanto quanto for possível.

• • •

O contraste que experimentamos entre nos sentirmos bem e sentir medo está sempre nos ensinando a enfrentar e superar nosso medo, para que possamos aproveitar a vida e desbloquear nossa capacidade de amar. Sem experimentar o medo, não poderíamos saber quão libertadora é a experiência de amar a nós mesmos, aos outros e à vida. Vistos sob essa luz, os medos são, na verdade, dádivas que nos desafiam a encontrar coragem e força para sermos fiéis a nós mesmos, aconteça o que acontecer. Ironicamente, nossos maiores medos sempre se tornam uma ponte para a liberdade e a alegria. Eles sempre acabam fortalecendo nosso compromisso com nosso destino e nossa integridade, porque nos ensinam de maneira consistente a escolher o amor em vez do medo — a única maneira de criar uma vida bonita e cheia de honestidade, paz, saúde, felicidade e profunda conexão de coração para coração.

CAPÍTULO 22

Autoestima, confiança e fé na vida

Assim que confiar em si mesmo, você saberá como viver.

— **Goethe**

> Onde quer que esteja, inspire devagar e profundamente, levando o ar até a barriga. É importante que neste momento você foque a atenção em si mesmo. Sinta todo o seu corpo, dos pés ao topo da cabeça, e depois até a ponta dos dedos. Livre sua mente de pensamentos intrusos. Relaxe qualquer tensão e deixe-se ser. Usando cada inspiração para abrir o corpo e criar espaço interior, dê boas-vindas a tudo o que está pensando, sentindo e experimentando aqui neste momento. Na expiração, imagine todas suas dificuldades indo embora. Esteja presente no seu corpo e na sua respiração.

Se seu suposto melhor amigo ou seu parceiro o traísse sem parar, dia após dia, durante anos, você confiaria nele? Claro que não, e é exatamente por isso que você não confia em si mesmo. A crítica, o julgamento, a agressão, a traição e o dano que causa a si mesmo são o motivo da sua autoconfiança frágil, da sua baixa autoestima e da sua falta de fé na vida, no universo e em Deus. A principal razão pela qual muitos não têm fé em si mesmos, no propósito da vida, na própria vida, no universo ou em Deus é porque sabem que, no passado, não se relacionaram com eles mesmos com amor, bondade e honestidade incondicionais. Em vez disso, sabem que se machucaram mentindo para eles mesmos, se comprometendo, se abandonando, deixando de se valorizar e de expressar sua verdade. A maioria não confia em si mesma porque continua se traindo diariamente por medo. Continuamos entregando nosso poder, nossa felicidade e nossa segurança a outras pessoas em troca de amor, aceitação, aprovação e apoio condicionais e muitas vezes tóxicos.

O ideal é que sejamos nossos melhores amigos, mas quando nos traímos e nos machucamos com tanta frequência, fica muito difícil confiar em nós mesmos. Como vimos, o relacionamento que mantemos com nós mesmos é o que determina como percebemos e nos relacionamos com o mundo exterior. Então, quando não confiamos na vida, no universo ou em Deus, esse é, na verdade, um sintoma de que não confiamos em nós mesmos para sermos gentis, honestos e respeitosos com nossos verdadeiros sentimentos, necessidades e desejos. Também é por isso que usar afirmações como "eu me amo" ou "eu acredito em mim" muitas vezes não parece ser eficaz ou verdadeiro. Sabemos que temos sido horríveis conosco e, se ainda não estivermos nos tratando bem, é claro que não vamos acreditar que somos dignos de amor ou capazes de fazer qualquer coisa.

A única maneira de reacender a confiança em você mesmo e, portanto, a fé na própria vida, no universo e em Deus, é comprometer-se a ser fiel com si próprio e honesto com os outros em todas as situações. Descobri que nascemos com uma fé que não pode ser quebrada ou eliminada. É como uma semente de conhecimento e confiança dentro de nós que só está esperando para florescer e preencher nosso ser e nossa vida. Quando paramos de nos comprometer por amor, aceitação, aprovação e apoio de outras pessoas, tanto a fé em nós mesmos quanto nossa autoestima se fortalecem naturalmente, o que nos faz lembrar que todas as nossas experiências de vida foram criadas para despertar o amor, a paz e a alegria dentro de nós. À medida que aprendemos a parar de nos trair, começamos a nos dar a atenção e o cuidado amorosos de que precisamos para que a fé dentro de nós se expanda infinitamente. Com o tempo, por meio desse processo, as sementes da clareza, da certeza e da confiança germinam e enchem nosso coração e nossa mente. Quando somos fiéis a nós mesmos com cada palavra e atitude, finalmente lembramos que tudo é, sempre foi e sempre será perfeito do jeito que é. Incluindo nós mesmos.

> Eu estive longe de minha alma por muito tempo, dormindo até tão tarde. Mas o pio daquela pomba me acordou e me fez chorar. Louvo a todos os enlutados que acordam cedo! Alguns vão primeiro, e outros, muito depois. Deus abençoa tudo a seu tempo... Como dizer isso a alguém que nega? Somos todos feitos do tecido do céu, e tudo é alma e florescer. Tudo é alma e florescer. Tudo é alma e florescer!
>
> — **Rumi**

A confiança que temos em nós, no propósito da nossa vida, na nossa própria vida é testada todos os dias. Somos constantemente chamados a seguir a voz do nosso coração e a romper com o medo, a dúvida e as limitações autoimpostas. Nossa razão pode dizer: "Mas como isso pode dar certo?", ou "É isso que eu quero e preciso, mas não acho que seja possível", ou "Não mereço isso". Mas, mesmo nesses momentos, uma parte de nós ainda sabe que é possível fazer, ter, criar e viver aquilo que mais desejamos na vida. No fundo, nosso verdadeiro eu sabe que o amor dentro de nós é forte o suficiente para romper todas as barreiras internas e externas e aproveitar a vida.

Nossa vida seria significativamente mais fácil se tivéssemos aprendido que existe uma perfeição fundamental que permeia toda a natureza e todo o universo. Seríamos capazes de nos aceitar, deixar de viver com medo e, assim, estar completamente em paz se soubéssemos que tudo é sempre como deve ser, mesmo que não compreendamos esse fato por inteiro ou não gostemos dele. Se não podemos ver e sentir essa perfeição em nossa vida agora, é só porque ainda estamos nos traindo de algum jeito. E, por conseguinte, não curamos nem entendemos a dor emocional que ainda está por trás dos nossos medos e das nossas crenças limitantes. Essa dor emocional é o único obstáculo para a confiança inabalável que já está viva dentro de cada um de nós. Descobri que a perspectiva mais empoderadora é aquela a partir da qual vemos a vida como se a tivéssemos criado de forma egoísta para um dia aprendermos a desfrutar de cada dia de maneira saudável. Isso também implica a visão de que toda a nossa infelicidade, nossa ansiedade e nossos problemas de saúde derivam das vezes que não nos relacionamos com nós mesmos com aceitação, bondade e respeito — das vezes que nos abandonamos.

Desse ponto de vista, qualquer dificuldade que exista em nossa vida hoje é, de fato, o obstáculo que precisamos enfrentar e transformar para curar e avançar no cumprimento do nosso propósito de vida. As lições que temos que aprender surgem nos aspectos da vida com os quais ainda não estamos em paz, felizes ou satisfeitos. Quando aceitamos que tudo é sempre como deve ser, podemos acreditar que estamos exatamente onde precisávamos estar, fazendo exatamente o que precisávamos fazer para aprender as lições necessárias e superar o medo, a culpa, a vergonha e a insegurança. Nunca nos ensinaram que uma história maior e universal, muito maior que cada vida, nos abraça. No entanto, quando expandimos nossa percepção para incluir a perfeição sempre presente no universo, podemos enfim nos abrir para confiar na vida assim como ela é com todo o coração, sem nos sentirmos sempre negativos ou com medo por cuidar de nós mesmos.

É muito libertador saber que tudo que acontece em nossa vida ocorre exatamente quando deveria, sem exceções. Superamos o medo quando estamos prontos para isso. Deixamos de nos trair quando estamos prontos para isso. Damos a nós mesmos permissão para desfrutar da vida quando estamos prontos para nos permitir isso.

Tudo o que já aconteceu e tudo o que vai acontecer é parte de uma ordem natural maior que devemos aprender a aceitar e a cooperar com ela se quisermos encontrar de verdade paz, saúde e felicidade duradouras. Da mesma forma que a semente de uma roseira cria raízes, cresce do chão e floresce em seu próprio e perfeito tempo, o propósito de nossa vida, a cura e a liberdade florescem quando estivermos prontos. Uma borboleta não pode se libertar do casulo até se fortalecer o suficiente para enfrentar todo o processo, da mesma forma que um bebê humano geralmente leva nove meses para ser gestado, até que seus órgãos e todo seu ser estejam prontos para a nova vida no mundo exterior. Não podemos forçar um processo orgânico e alcançar um resultado positivo, porque toda vida contém naturalmente uma consciência ou inteligência interior que sabe quando é hora de dar o próximo passo na evolução. O que podemos fazer agora, porém, é parar de nos trair. Mesmo com medo, podemos encontrar coragem para falar e agir com honestidade e gentileza de forma a aprendermos a confiar em nós mesmos de novo.

Perguntas práticas

» Você tem dificuldade para acreditar em si mesmo? Se sim, por quê?

» Você tem dificuldade para confiar em si mesmo? Se sim, por quê?

» Você tem dificuldade para confiar nos outros? Se sim, em quem?

» Quem em sua vida reflete suas dúvidas? Em outras palavras, quem duvida de suas habilidades e capacidades?

» Em que área da sua vida você está se traindo? Consegue ver como isso faz você não confiar em si mesmo?

» Em que área da sua vida você é desonesto com si mesmo?

» Em que área da sua vida você está sendo desonesto com outras pessoas?

» Quais situações você tem dificuldade para aceitar como necessárias para sua cura e seu crescimento? Consegue ver como, sem querer, você criou ou permitiu que essas situações se desenvolvessem? Você consegue se perdoar?

» Em que área na sua vida você precisa de ajuda agora?

Quando tiver tempo, tente escrever uma carta ao universo ou a Deus pedindo ajuda nas situações e nos relacionamentos desafiadores, confusos, esmagadores ou assustadores.

» Em que você pode focar sua energia hoje que represente você amando e valorizando a si mesmo e, portanto, respeitado o que ama, o que quer ou o que precisa fazer?

Afirmações-chave

» Ser honesto comigo mesmo é a chave para a minha liberdade. Ser honesto com as outras pessoas é o caminho para a paz.

» Eu me perdoo por me trair. Eu me perdoo por trair os outros.

» Estou empenhado em amar, honrar e valorizar a mim mesmo.

» Eu quero confiar em mim de novo.

» Tenho que confiar em mim mesmo para confiar nas outras pessoas.

» Tenho que ser honesto comigo mesmo para ser honesto com os outros.

» Tenho que acreditar em mim mesmo antes que os outros acreditem em mim.

» O mundo exterior é sempre um reflexo do meu mundo interior.

» Estou sempre amparado, protegido e seguro.

» Tudo é exatamente como deve ser.

CAPÍTULO 23

Ame seu corpo, mas saiba que você é muito mais

Ser bonito significa ser você mesmo.

Você não precisa ser aceito pelos outros.

Você precisa se aceitar.

— Thich Nhat Hanh

> Onde quer que esteja, inspire devagar e profundamente, levando o ar até a barriga. É importante que neste momento você foque a atenção em si mesmo. Sinta todo o seu corpo, dos pés ao topo da cabeça, e depois até a ponta dos dedos. Livre sua mente de pensamentos intrusos. Relaxe qualquer tensão e deixe-se ser. Usando cada inspiração para abrir o corpo e criar espaço interior, dê boas-vindas a tudo o que está pensando, sentindo e experimentando aqui neste momento. Na expiração, imagine todas suas dificuldades indo embora. Esteja presente no seu corpo e na sua respiração.

Aprender a amar, aceitar e cuidar do nosso corpo é, sem dúvida, a chave para encontrar a paz e aproveitar a vida, especialmente porque muitos lutam contra insegurança, julgamento e crítica no nível físico. A percepção que temos de nossa aparência é muitas vezes aquilo que determina o que pensamos e como nos sentimos sobre nós mesmos, mais do que qualquer outra coisa na vida. Infelizmente, nunca aprendemos que, embora sejamos também nosso corpo, na verdade somos muito maiores do que aquilo que vemos quando nos olhamos no espelho. À medida que aprendemos a nos amar incondicionalmente em um nível não físico, começamos a ver nossa beleza interior e a nos identificar com ela, que nunca é carente ou deficiente. Mas antes de chegarmos a um lugar em que possamos ver tanto nosso valor quanto a verdade milagrosa de nossa vida, muitos de nós estamos fixados em tentar parecer diferente do que somos, e esse estado constante de não aceitação está no centro de grande parte do nosso sofrimento.

Na minha experiência, qualquer coisa do nosso corpo que não aceitamos completamente é o reflexo de algo mais profundo que não aprendemos a abraçar ou respeitar em nós. As coisas que percebemos ser uma imperfeição física ou uma insegurança são apenas um sintoma, ou um grito da alma, pedindo que aceitemos e valorizemos mais algum aspecto do nosso ser não físico. Um dos insights mais empoderadores que descobri sobre esse tópico é que quando nossas emoções, nossas necessidades e nossos desejos não importam para nós, sentimos que eles também não importam para os que nos rodeiam, e isso nos faz sentir que "nós" não importamos. O resultado dessa dinâmica é um sentimento que diz: "Por que eu iria querer aceitar ou cuidar do meu corpo, se não sou importante? Se minha vida não é boa, e não me sinto bem em meu corpo, por que iria querer cuidar dele?"

Como a maioria de nós aprendeu na infância a rejeitar nossos sentimentos, necessidades e sonhos, estabelecemos um relacionamento com nosso mundo interior em que essas verdades internas eram inúteis e não importavam. Mas essas dinâmicas não físicas são uma parte vital de quem somos, e devem ser valorizadas para sentirmos que temos valor e dignidade. Inseguranças físicas vêm, na verdade, de inseguranças mentais e emocionais, que são a verdadeira causa da autorrejeição e da crítica ao físico. A falta de aceitação emocional se torna rejeição, julgamento e crítica físicos, pois, quando nos diminuímos emocionalmente, não nos sentimos bem dentro de nós, e por consequência no nosso corpo. Se temos dificuldades para aceitar pensamentos e emoções, sempre vamos ter dificuldades para aceitar o eu físico. Da mesma forma, se não cuidarmos do nosso coração e sentirmos que nossas emoções, necessidades e sonhos são importantes, vamos acabar nos criticando por não encontrarmos coragem para viver de forma autêntica, e isso nos impedirá de sentir um interesse autêntico de cuidar do nosso corpo.

Qual é o sentido de tentar manter nosso corpo o mais saudável possível se não gostamos de estar vivos?

A partir dessa perspectiva, deve ficar muito claro por que tanta gente tem dificuldade para implementar hábitos de vida saudáveis que favoreçam o seu bem-estar físico. É difícil ter inspiração e compromisso para cuidar do nosso corpo quando nos sentimos indignos de amor. Por outro lado, espero que também esteja claro por que as pessoas que focam em seu corpo, mas não vão fundo na valorização emocional, geralmente são infelizes ou solitárias. Às vezes, uma pessoa que se exercita com regularidade e come de forma muito saudável pode ser tão insegura quanto alguém que não faz isso. Nos dois casos, somos todos culpados por às vezes não valorizarmos nossos verdadeiros sentimentos, seja porque nunca aprendemos a fazer isso, seja porque temos medo de ser vulneráveis. Quando somos duros e críticos conosco, é porque ainda não estamos respeitando e ouvindo nosso eu não físico mais profundo.

> As pessoas mais bonitas que conhecemos são aquelas que conheceram a derrota, o sofrimento, a dificuldade, a perda e conseguiram sair das profundezas. Essas pessoas têm um reconhecimento, uma sensibilidade e uma compreensão da vida que as enche de compaixão, gentileza e uma profunda preocupação. Pessoas bonitas não o são por acaso.
>
> — Elisabeth Kübler-Ross

A maioria das pessoas se identifica apenas com o reflexo delas mesmas que veem ao olhar para o espelho, mas, quando realmente paramos para considerar e sentir se somos ou não apenas nosso corpo, a conclusão lógica, até certo ponto, acaba sendo sempre "não". A verdade é que nosso corpo é uma expressão energética do eu não físico, da mesma forma que pensamentos e emoções também são expressões energéticas da nossa alma maior e mais profunda. Assim como galhos, folhas e frutos são expressões naturais que crescem do tronco, ou núcleo, de uma árvore frutífera, os pensamentos, as emoções e as expressões naturais do nosso corpo surgem de uma consciência muito mais profunda no âmago de quem somos.

Quem realmente somos é, na verdade, um campo de energia vibrante, em que os átomos que compõem o eu físico e não físico estão unidos com a vida, a natureza e o universo. Mesmo que não tenhamos consciência disso, a verdade é que o eu não físico é o que preenche, molda e impulsiona tanto a estrutura do corpo quanto suas funções. Nosso relacionamento com nosso corpo e nossa percepção dele foram "moldados" pelas influências familiares, educacionais, culturais e midiáticas ao longo da vida. No entanto, por trás de todas as crenças limitantes que possamos ter em relação à nossa aparência, sempre encontraremos emoções internalizadas de experiências passadas que não processamos.

Como vimos nos capítulos anteriores, a insegurança, a infelicidade e a insatisfação sempre nos levarão de volta às situações em que não nos relacionamos conosco com bondade, honestidade e coragem, seja porque não sabíamos fazer isso, seja porque tínhamos medo. Essa dinâmica interna sempre nos leva a nos julgar e a julgar nosso corpo para nos proteger das emoções não curadas que ainda estão armazenadas em nós. Independentemente de por quê, como ou o que julgamos em nosso corpo, ou nos identificamos completamente com ele, o que sempre será prejudicial para nós, ou estamos apenas presos a crenças limitantes sobre nossa aparência que não refletem o nosso verdadeiro eu.

Quer nos julguemos acima ou abaixo do peso, muito pequenos ou muito grandes, pouco atraentes, imperfeitos ou deficientes de alguma forma, a verdade é que, quando crianças, adotamos uma visão muito limitadora de nós mesmos que não respeita nosso eu não físico. Todos precisamos acordar e perceber que sentirmo-nos bem por dentro é sempre a chave para nos sentirmos bem fisicamente. Essa dinâmica também vale para todos os vícios que influenciam nossa aparência e como nos sentimos fisicamente. Sejamos dependentes de comida, álcool, cigarro, drogas, sexo, dinheiro, atenção, miséria ou estarmos doentes, por trás de todos nossos hábitos autodestrutivos há uma emoção internalizada da qual estamos fugindo e nos protegendo. Mais uma vez, quando sentimos que não somos importantes, que nossos sentimentos, nossas necessidades e nossos desejos não têm valor ou importância, nos entorpecemos ou usamos substâncias autodestrutivas para nos sentirmos melhor por um breve período, o que só leva a mais sintomas físicos e mais mal-estar.

A chave para aceitar nosso corpo é parar de fugir e enfrentar as emoções subjacentes que estão (1) nos levando a julgá-lo, (2) nos levando a abusar dele e (3) criando os sintomas físicos que estamos experimentando. À medida que curamos as emoções reprimidas e aprendemos a ser fiéis a nós mesmos em todas as situações, começamos enfim a sentir que somos importantes e que tanto o nosso eu físico quanto o não físico têm valor, o que nos leva a cuidar do nosso corpo com bondade o tempo todo. À medida que criamos uma vida significativa e fiel aos nossos valores mais profundos, nos sentimos muito melhor por dentro e somos naturalmente inspirados a um estilo de vida mais saudável. Como vimos, sermos autênticos nos ajuda a curar inseguranças emocionais e a nos respeitar e valorizar. Esse processo de autoaceitação emocional ajuda a nos sentirmos melhor a cada dia, o que se transforma em novos hábitos que sustentam nossa felicidade e nosso bem-estar. Quando estamos prontos para desistir da luta interior e aceitar de todo o coração a verdade como a sentimos, abrimos a porta para curar os autojulgamentos físicos e a rejeição emocional subjacente, o que abre caminhos para criar e alcançar intencionalmente tudo que queremos ou de que precisamos para ter uma boa aparência e nos sentir bem.

> Nada nunca vai embora até que nos ensine o que precisamos saber.
>
> — Pema Chödrön

Todo julgamento, toda crítica e toda insegurança que tenha relação ao físico remetem à necessidade e ao desejo de amar. Na infância, a maioria viveu com pessoas que não se amavam e não se aceitavam incondicionalmente, por isso não aprendeu a cuidar de si mesma de maneira saudável. Em vez disso, herdamos de nossos pais genética e emocionalmente várias formas de autossabotagem, porque eles não tinham como deixar de transmitir essas disfunções. Por exemplo, se um de nossos pais tinha dificuldades para se sentir bonito, é provável que já tenhamos nascido com essa mesma percepção limitante de nós mesmos. Da mesma forma, se nossos pais foram muito duros com eles mesmos, eram igualmente duros conosco. Isso ajuda a entender como, com o tempo, a maioria das pessoas acaba internalizando as críticas e os julgamentos dos pais e andando por aí com a voz deles na cabeça.

Por trás de todo autojulgamento, autocrítica e insegurança física, sempre encontraremos a dor emocional que foi herdada e depois construída muito cedo em nossa vida por meio da automutilação que aprendemos. É libertador saber que muita gente se sente como se tivesse só nascido insegura, não amada, inadequada, imperfeita ou pouco atraente, porque essa forma de sofrimento e autodestruição ainda estava presente em nossos pais no momento de nossa concepção e foi transmitida sem que ninguém soubesse. Por isso é tão importante quebrar esse ciclo, para não perpetuarmos tanta dor e dificuldade nas gerações futuras.

A negatividade subjacente que todos temos que superar é o resultado de (1) emoções e crenças que absorvemos no útero materno entre nossa concepção e nosso nascimento, (2) não sabermos expressar nossas emoções quando crianças, (3) nossos pais não se amarem incondicionalmente, (4) nossos pais não serem capazes de nos amar incondicionalmente, (5) nossos padrões atuais de reprimir o que sentimos, e (6), a partir de uma perspectiva espiritual, nosso carma e as principais lições nesta vida. Felizmente, ninguém precisa viver se sentindo negativo em relação ao próprio físico para sempre, porque com amor-próprio podemos transformar todos os obstáculos internos para nos sentirmos bem com nós mesmos. O grau em que experimentamos os sentimentos positivos que desejamos depende de com quanta honestidade estamos dispostos a nos encarar e a encarar nossa vida. Se estivermos preparados para ser fiéis a nós mesmos no presente, não importa o que aconteça, não há nada que nosso poder de transformação não possa alcançar. Com paciência e compromisso, podemos assumir total responsabilidade pelo cuidado com nosso corpo todos os dias e viver um estilo de vida saudável, equilibrado e proativo enquanto curamos nossas feridas emocionais e recriamos intencionalmente nossa vida.

Contentar-se com a falta de cuidado com o nosso corpo e a falta de aceitação dele é, muitas vezes, um sintoma de que esperamos ser amados incondicionalmente por outra pessoa. Uma expectativa inconsciente de sermos aceitos, reafirmados e incentivados como não fomos na infância. Não importa o quanto outra pessoa nos ama e nos aceita se não nos abraçamos totalmente de dentro para fora. Ser apreciado por outra pessoa ajuda, mas cada um deve, em algum momento, perceber que o amor que estávamos esperando só pode vir de nós. Uma hora, em nosso coração e nossa mente, temos que parar de nos fixar nas imperfeições que percebemos em nós e nos permitir aproveitar a vida. Seguindo seu coração, manifestando sua verdade, concentrando-se em tudo que faz você se sentir bem e se envolver em situações em que se sente como o seu verdadeiro eu, você vai acabar deixando de se identificar com seu corpo ou qualquer aspecto específico dele. Quando enfrentar a verdade emocional que está rejeitando, a verdade mais profunda de que seu corpo e sua vida são um milagre vai substituir quaisquer autocrítica e insegurança remanescentes.

Perguntas práticas

» O que você tem dificuldade para amar em seu corpo?
» Sobre o que você está inseguro fisicamente?
» Você é capaz de sentir que é muito mais do que apenas seu corpo? Consegue sentir a energia vital vibrando dentro de você?
» Se olhar em seus olhos no espelho, consegue ver que é muito maior que seu corpo?
» O que está esperando (*esperar* equivale metaforicamente a "carregar um peso extra") para ir atrás do que você quer e ama? O que está esperando para ser fiel a si mesmo?
» De quem você está esperando amor, compreensão, aprovação, aceitação ou apoio? E se você nunca conseguir?
» Se você come demais, consegue ver como está se entorpecendo para evitar emoções desconfortáveis? Consegue ver como está buscando prazer de maneiras pouco saudáveis porque está se impedindo de falar e agir de acordo com sua verdade?
» Se você se sente muito acima do peso, consegue ver como, de maneira inconsciente, construiu uma concha para proteger seu coração?
» Se você luta contra a anorexia, consegue ver como está se identificando com seu corpo e procurando amor externamente?

» Se você luta contra a bulimia, consegue ver como (1) está procurando amor, alegria e prazer e (2) tentando entorpecer suas emoções?

» Você está pronto para ser feliz e se amar de dentro para fora?

» O que você precisava ouvir sobre sua aparência na infância mas nunca ouviu?

» Se pudesse dizer qualquer coisa ao seu eu mais jovem, o que gostaria que ele ou ela soubesse?

» Pensando em experiências passadas nas quais se sentiu inseguro, não amado ou pouco atraente, o que seu eu mais jovem precisava ouvir ou saber para se sentir bem com ele mesmo naquele momento ou naquela situação?

» Se pudesse voltar no tempo, à sua infância, e se defender, o que você diria e para quem diria?

» Você está pronto para se comprometer a cuidar de seu corpo?

» Está pronto para escolher um estilo de vida livre de culpa? Está pronto para comer de forma saudável, exercitar-se regularmente e expressar suas emoções, suas necessidades e seus desejos com honestidade?

Afirmações-chave

» Eu posso me sentir bonito.

» [Seu nome], você é lindo do jeito que é.

» Eu amo e aprecio meu corpo por apoiar a mim e à minha vida.

» Eu não sou apenas meu corpo. Eu sou muito mais.

» Obrigado, corpo. Obrigado, ossos. Obrigado, órgãos.

» Obrigado, células.

» Obrigado por meu corpo saudável, flexível e bonito.

» Obrigado por meu forte sistema imunológico. Obrigado por meu forte sistema digestivo. Obrigado por meu forte sistema circulatório. Obrigado por meu forte sistema reprodutivo.

» Aceito meu corpo como ele é e me comprometo a cuidar da saúde dele todos os dias.

» Meu corpo é o templo da minha alma. É minha casa temporária.

» Eu sou parte do universo infinito. Eu sou uma célula no corpo do universo.

» Meu verdadeiro eu é eterno e imortal. Eu nunca nasci e nunca vou morrer.

» Para cuidar de verdade do meu corpo, devo cuidar de verdade do meu coração.

» Se eu quiser que meu corpo seja importante, meus sentimentos, necessidades e desejos devem ser importantes para mim.

Prática corporal adicional de amor-próprio

» Falar com seu corpo com amor, gentileza e positividade de maneira regular pode ajudar a substituir seus pensamentos negativos e suas autocríticas. Muitos clientes meus (tanto homens quanto mulheres) descobriram que é útil usar as afirmações anteriores enquanto hidratam todo o corpo depois do banho. Mesmo que seja desafiador no início, e mesmo que não acredite completamente no que está dizendo, seja paciente consigo e persista, porque com o tempo você vai se permitir se abrir e se apoiar mais.

CAPÍTULO 24

Nutrição e estilo de vida

Tenha cuidado ao ler livros de saúde. Você pode morrer por causa de um erro de impressão.

— Mark Twain

> Onde quer que esteja, inspire devagar e profundamente, levando o ar até a barriga. É importante que neste momento você foque a atenção em si mesmo. Sinta todo o seu corpo, dos pés ao topo da cabeça, e depois até a ponta dos dedos. Livre sua mente de pensamentos intrusos. Relaxe qualquer tensão e deixe-se ser. Usando cada inspiração para abrir o corpo e criar espaço interior, dê boas-vindas a tudo o que está pensando, sentindo e experimentando aqui neste momento. Na expiração, imagine todas suas dificuldades indo embora. Esteja presente no seu corpo e na sua respiração.

Considerando que existem milhares de livros sobre nutrição, exercícios e cuidados com o corpo, não preciso me aprofundar muito nos aspectos físicos de amar seu corpo. Tenho certeza de que você sabe bem o que isso significa.

Para os propósitos deste livro, vou compartilhar brevemente as abordagens que considero mais importantes e eficazes para amar seu corpo a partir da perspectiva de criar um estilo de vida saudável e equilibrado, baseado no amor-próprio incondicional. Tenha em mente que todos somos um pouco diferentes quando se trata do que é melhor para o nosso tipo de corpo, natureza interior, estilo de vida e até mesmo o clima em que vivemos.

De maneira geral, no entanto, existem algumas diretrizes que considero úteis para todos. Dito isso, recomendo e vivo de acordo com as seguintes abordagens físicas para o amor-próprio incondicional.

- Tente beber bastante água todos os dias para eliminar as toxinas do corpo e manter-se hidratado. Tente beber apenas água de fonte natural ou água mineral. Existem também vários filtros que você pode comprar para filtrar a água da sua torneira.
- Tente beber pelo menos dois copos de água pela manhã, antes de comer ou beber qualquer coisa. Isso hidrata suas células, acorda seus órgãos, elimina toxinas, ativa seu sistema digestivo e ajuda o corpo todo a funcionar de maneira ideal ao longo do dia.
- Tente comer alimentos integrais, orgânicos e não processados o máximo que puder: vegetais, frutas, legumes, grãos e, para aqueles que precisam ou gostam, carnes magras e peixes de água doce ou salgada (em vez dos criados em fazendas). Mais uma vez, não somos todos iguais, então você tem que encontrar as combinações que funcionam melhor no seu caso.
- Tente evitar alimentos geneticamente modificados.
- Procure evitar também alimentos que contenham conservantes, corantes artificiais e adoçantes artificiais.

- Tome todos os dias um bom multivitamínico receitado por seu médico. Outros suplementos nutricionais que em geral são ótimos para todo mundo tomar diariamente, a despeito da idade ou da saúde, são: óleos de peixe ou vegetais de boa qualidade com ácidos graxos ômega 3, 6 e 9, probióticos e algum superalimento verde, como espirulina.
- Evite grandes quantidades de farinha processada em pães, massas, cereais, doces e bolos. Se você gosta de tê-los em sua dieta, pão e massa caseiros são as melhores opções.
- Tente evitar *fast-food* e carne processada.
- Tente evitar laticínios como leite e queijo, porque esses alimentos podem criar catarro e bloquear o sistema corporal e energético. Eles também tendem a diminuir a clareza e a acuidade mental.
- Tente evitar muito açúcar, presente em doces, refrigerantes e sucos industrializados.

Um macaco norte-americano, depois de ficar embriagado com conhaque, nunca mais tocou nessa bebida, e é, portanto, muito mais sábio que a maioria dos homens.
— Charles Darwin

- Tente evitar muito álcool.
- Tente evitar completamente o fumo.
- Tente evitar recreativas.
- Tente se exercitar de alguma forma todos os dias, mesmo que isso signifique fazer uma caminhada curta pelo bairro ou pelo quarteirão. Caminhada, corrida, trilha, bicicleta, ioga, *qigong*, tai chi, levantamento

de peso, dança e natação são ótimas maneiras de mover o corpo, o sangue e a energia, para se manter forte e bem. Encontre uma atividade de que goste e pratique-a regularmente.

- Considerando esse último ponto, embora o trabalho doméstico exija muita energia, ele não é o mesmo que dedicar um tempo para se concentrar em amar a si mesmo e cuidar da sua saúde física.
- O sexo é muito importante para a maioria das pessoas. Se você não escolheu uma vida de celibato por motivos religiosos ou espirituais, a prática regular faz bem para o corpo, o coração e a alma. Trazer presença, consciência e respeito a essa parte da vida também é importante para nossa cura e nosso despertar espiritual.
- Quando possível, dedique um tempo só para ser, especialmente ao ar livre e na natureza. Meditar, ler, escrever em um diário, tomar banho, ouvir música ou preparar uma xícara de chá são ótimas maneiras de desacelerar. Dê-se tempo e espaço para ser sem ter que fazer nada, agradar a ninguém ou estar em qualquer lugar.
- Tente dormir de sete a nove horas por noite.
- Com isso em mente, se você consome café, tente evitá-lo cinco horas antes de ir para a cama.
- Se vai trabalhar, sair com seus amigos, sua família ou seu parceiro, o jeito como se veste afeta como você se sente. Use roupas que o façam se sentir bem.
- Muitos desodorantes e cremes dentais contêm alumínio ou substâncias químicas chamadas parabenos, que fazem muito mal à saúde. Encontre um desodorante e uma pasta de dente natural para usar diariamente.

- Além disso, muitos xampus, condicionadores e outros produtos de cuidados com o corpo são cheios de produtos químicos que não fazem bem à nossa saúde. Alguns que se deve evitar são: lauril sulfato de sódio, lauril éter sulfato de sódio, propilenoglicol, trietanolamina, pesticidas, flúor, chumbo, metilmercúrio, bpa, bisfenol, ftalatos, bht, fenoxietanol, fragrância, organofosforados, dioxinas, DDT, dietilestilbestrol, PCB, mercúrio, éteres glicólicos, homosalato, fosfatos, formaldeído, cloro, SLS, metilmercúrio, triclosano, metilisotiazolinona, fluoreto de sódio, octocrileno, cocamida DEA e diazolidinil ureia.

A maior das loucuras é sacrificar a saúde por qualquer outro tipo de felicidade.

— Arthur Schopenhauer

Ao considerar essas abordagens para cuidar de seu corpo, lembre-se de que a moderação é sempre a melhor escolha. Mesmo a moderação em ser moderado também é saudável, de vez em quando. O "caminho do meio" tende a ser o ideal, pois extremos de qualquer tipo nos desequilibram e, muitas vezes, se deslocam com a mesma força na direção oposta. Lembre-se também de que ser gentil com você mesmo, independentemente de suas escolhas nutricionais e de seu estilo de vida, é a prioridade. Se demorar um pouco para você amar seu corpo e se relacionar com ele com amor, que seja. Não há necessidade de criar mais sofrimento. A vida é muito curta. Ao mesmo tempo, a saúde que você tem é sua para desfrutar dela ou não. Você que escolhe.

CAPÍTULO 25

Ame você mesmo em um relacionamento

Meu relacionamento principal é comigo mesma — todos os outros são espelhos dele. À medida que aprendo a me amar, automaticamente recebo o amor e a apreciação que desejo dos outros. Se assumo o compromisso de viver minha verdade, atraio pessoas com o mesmo comprometimento.
A vontade de ter intimidade com meus sentimentos profundos cria espaço para intimidade com outra pessoa.

— **Shakti Gawain**

> Onde quer que esteja, inspire devagar e profundamente, levando o ar até a barriga. É importante que neste momento você foque a atenção em si mesmo. Sinta todo o seu corpo, dos pés ao topo da cabeça, e depois até a ponta dos dedos. Livre sua mente de pensamentos intrusos. Relaxe qualquer tensão e deixe-se ser. Usando cada inspiração para abrir o corpo e criar espaço interior, dê boas-vindas a tudo o que está pensando, sentindo e experimentando aqui neste momento. Na expiração, imagine todas suas dificuldades indo embora. Esteja presente no seu corpo e na sua respiração.

Desenvolver relacionamentos saudáveis, amorosos e solidários é um dos ingredientes mais importantes para viver uma vida feliz e gratificante. Mas hoje muitos dão mais valor a coisas como alcançar sucesso, estar sempre certo, ganhar dinheiro ou projetar uma certa imagem de nós mesmos no mundo. Quando nos concentramos nesses aspectos aparentemente mais fáceis da vida, em detrimento de relacionamentos pessoais preciosos, não só evitamos as lições de vida mais importantes, como também deixamos de lado algumas das experiências mais profundas e nutritivas que estão disponíveis aos seres humanos. Embora relacionamentos pessoais possam ser desafiadores, eles oferecem oportunidades inestimáveis para a cura e o crescimento que todos nós, com o tempo, aprendemos a valorizar. Independentemente da forma externa que um relacionamento assuma, sempre nos reunimos com outras pessoas para aprender sobre amor, bondade e compaixão, para nos tornar mais honestos, para curar feridas do passado e, em última análise, para aprender a amar a nós mesmos incondicionalmente, de forma que possamos desbloquear nossa capacidade de amar os outros de forma pura e saudável.

Cada relacionamento em nossa vida serve para nos ajudar a transformar crenças limitantes e derrubar as muralhas que cercam nosso coração. Quando estamos reagindo e tendo gatilhos, os relacionamentos nos mostram a mágoa, o medo, a insegurança, a raiva, a culpa e a vergonha que estão armazenadas dentro do nosso corpo e que nos separam da honestidade, da bondade, da compreensão e da alegria que queremos compartilhar com os outros. Com o tempo, percebemos que não podemos nos curar sozinhos. Não existimos isolados, mesmo quando nos sentimos solitários. Como a maioria das nossas dificuldades atuais vem de hábitos que desenvolvemos em reação aos nossos primeiros relacionamentos, hoje atraímos as pessoas à nossa volta para que elas nos mostrem o que realmente importa na vida, bem como de que forma e em que área ainda não somos importantes para nós mesmos. As pessoas em nossa vida não só expõem nossas crenças limitantes e nossas dores emocionais não curadas, como também inspiram e trazem à tona o amor dentro de nós com mais força do que qualquer outro aspecto de nossa existência. No entanto, com o florescimento desse amor que sentimos pelos outros, os aspectos que ainda rejeitamos em nós surgem para serem transformados, porque o amor dentro de nós liberta aquilo que precisa ser curado. Por mais desafiadores que alguns relacionamentos possam ser, as pessoas que mais nos testam são as que mais nos ensinam. Elas nos ensinam a perdoar, a manter o coração aberto, a enxergar através das reações de outras pessoas e a nos valorizar a cada momento. Paradoxalmente, como a maioria cresceu perto de relacionamentos pouco saudáveis, o que contribuiu para a criação de um relacionamento doentio com nós mesmos, muitas vezes precisamos nos afastar de nossos relacionamentos próximos para pensar com clareza e criar um relacionamento saudável com nós mesmos.

> Amor-próprio é a base da nossa prática amorosa. Sem ele, nossos outros esforços para amar falham. Dando-nos amor, damos a nós a oportunidade de ter o amor incondicional que sempre desejamos receber de outra pessoa.
>
> — **bell hooks**

Pode ser difícil ver as relações de uma forma positiva, porque nossos relacionamentos íntimos muitas vezes foram, ou ainda são, muito dolorosos. Embora possa ser difícil de aceitar, nossos relacionamentos atuais são tão saudáveis quanto o relacionamento que temos com nós mesmos. Em muitos casos, nossos relacionamentos íntimos revelam a relação agressiva, crítica, insegura, julgadora e autodestrutiva que muitos temos mantido com nós mesmos. Em outras palavras, a quantidade de amor, respeito, bondade, reconhecimento e felicidade que experimentamos em nossas interações com outras pessoas é o reflexo direto da quantidade de amor, respeito, bondade, reconhecimento e felicidade que sentimos dentro de nós e por nós mesmos.

A partir dessa perspectiva, cada pessoa em nossa vida reflete para nós um aspecto de nós mesmos que precisamos valorizar, abraçar ou encarar com honestidade. Isso é demonstrado pelo fato de que, se não aceitarmos, apreciarmos, respeitarmos e acreditarmos em nós mesmos, a maioria das pessoas em nossas vidas também não terá esses sentimentos por nós.

No entanto, à medida que aprendemos a valorizar, expressar e cuidar de nós mesmos, acabamos descobrindo que as pessoas em nossa vida vão refletir o respeito e o amor que cultivamos por nós mesmos. Também descobrimos que quem somos e o que personificamos inspiram outras pessoas a fazer o mesmo. No começo, esse processo pode desencadear reações nas pessoas à nossa volta, principalmente naquelas que estão acostumadas a serem agradadas por nós. Mas, com o tempo, nossa honestidade e nosso amor por nós mesmos darão a elas permissão para serem honestas e amorosas com elas mesmas também. Assim que a poeira da reação e da manipulação baixar, as pessoas com quem podemos ter um relacionamento saudável permanecerão naturalmente em nossa vida.

Embora às vezes seja difícil de ver, o processo de aprender a nos amar e nos valorizar plenamente dentro dos nossos relacionamentos implica perceber que os outros só podem provocar sentimentos dentro de nós na medida em que reagimos ao seu comportamento ou às suas palavras. A verdade suprema é que ninguém pode nos fazer sentir nada quando nosso sentimento de identidade, valor e confiança são fortes. Por meio da vulnerabilidade honesta e do compromisso com a autoconsciência, podemos aprender a assumir total responsabilidade por nossas emoções e reações a outras pessoas. Em algum momento, precisamos aprender a encontrar a lição em qualquer coisa que acreditamos que alguém está nos fazendo sentir, mas que, na realidade, está sendo extraído de nós ou permitido por nós.

Se as palavras ou as ações de alguém provocam em nós culpa, medo, insegurança, raiva ou mágoa, temos que aprender a ver como nossa responsabilidade atender e entender essas emoções — especialmente se quisermos aproveitar nossos relacionamentos e nossa vida. Até uma situação em que temos a intuição que alguém pode estar mentindo para nós, por exemplo, e começamos a nos sentir inseguros, guarda uma grande lição sobre nos valorizarmos a fim de encontrar a coragem de falar sobre isso com honestidade, ao mesmo tempo que assumimos a responsabilidade pela nossa insegurança. Isso também vale para situações comuns em que nos sentimos criticados por outra pessoa, ou quando alguém tenta nos fazer sentir mal por sermos fiéis a nós mesmos.

Embora seja difícil encontrar clareza ao nosso redor, só atraímos as experiências necessárias para trazer à tona sentimentos como culpa, frustração e dúvida que precisam ser curados dentro de nós. A única maneira de confiar completamente em nós mesmos e, assim, ter um relacionamento honesto e saudável com outro ser humano, é parar de nos rejeitar e de diminuir nossos sentimentos.

∙ ∙ ∙

Se quisermos realmente aproveitar a vida e superar o sofrimento criado em relacionamentos doentios, acabaremos sendo forçados a reconhecer que, quando nos relacionamos com outras pessoas, fazemos isso ou a partir de valor e respeito por nós mesmos, ou a partir de medo, insegurança e inadequação. Quando nos relacionamos com os outros a partir de autovalor e autorrespeito, nos relacionamos de maneira autêntica e com clareza, integridade e paz, o que significa que não temos um conflito interno sobre se devemos ou não nos doar de alguma forma. Ou seja, nos doamos com liberdade, sem esperar nada em troca, sem colocar condições sobre o que doamos ou fazemos e sem manipular as pessoas com base no que demos ou fizemos.

Valorizar a nós mesmos nos relacionamentos também significa que não agimos e falamos apenas para agradar os outros ou fazê-los felizes. Significa que fazemos o nosso melhor todos os dias para sermos completamente honestos com nós mesmos e com quem estamos nos relacionando, ainda que eles queiram ou esperem algo diferente ou a mais de nós. Quando nos relacionamos com os outros com base em medo, insegurança e inadequação, temos a tendência de nos relacionarmos por nos sentir obrigados a isso ou por termos medo de perder o amor deles, de machucá-los, de sermos feridos por eles ou de nos sentirmos culpados por dizer não. Quando partimos do medo, agimos e falamos apenas para agradar, e abandonamos o que realmente sentimos, o que só leva à dor, à frustração, à raiva e ao ressentimento.

Uma grande proporção do nosso sofrimento é resultado de nos trairmos nos nossos relacionamentos. Todos nos machucamos em algum grau quando interagimos com outras pessoas, porque isso é o que aprendemos com os relacionamentos doentios com os quais crescemos. Embora a essa altura da vida você provavelmente esteja ciente de que isso precisa mudar, muitos ainda acreditam que, se agradarmos aos outros e os fizermos felizes, eles nos agradarão e nos farão felizes em troca. Com o tempo, no entanto, muitas vezes depois de muita dor e confusão, percebemos que ninguém além de nós mesmos pode nos trazer felicidade e realização duradoura. Também percebemos que não importa quanto façamos ou tentemos agradar outra pessoa, no fim isso nunca será suficiente para satisfazê-la ou fazê-la feliz.

A partir dessa perspectiva, fica evidente que o que a maioria costuma chamar de amor é cheio de formas sutis de manipulação e compromissos doentios. Trair a nós mesmos para atender às necessidades de outra pessoa, só para essa ela nos amar de volta, não é amor verdadeiro. Da mesma forma, esperar que alguém se comprometa a satisfazer todas as nossas preferências pessoais, apenas como um pré-requisito para expressarmos amor ou afeição por ele, é extremamente equivocado quando se trata da qualidade do amor que todos procuramos. Embora estejamos apenas fazendo o melhor com o que sabemos, descobri que é útil saber que existem expressões de amor muito mais saudáveis e honestas à nossa disposição quando assumimos o compromisso de nos valorizar de verdade.

Por mais que às vezes pensemos que sim, as pessoas na nossa vida não existem apenas para satisfazer nossas necessidades e nossos desejos. Também não existimos só para atender às necessidades e aos desejos delas. Esse foi, em parte, o papel dos nossos pais nos nossos primeiros anos de vida; agora isso não é responsabilidade nem do nosso parceiro, nem dos nossos amigos, nem dos nossos filhos. Cada um de nós está destinado a aprender a satisfazer as próprias necessidades, dando a si mesmos a atenção amorosa e o apoio que não receberam quando crianças e, agora, buscam de maneira inconsciente em outras pessoas. Uma hora, todos somos forçados a perceber que conquistar felicidade e gratificação duradouras depende sempre da qualidade do amor e da honestidade presente no relacionamento que mantemos com nós mesmos. Se quisermos criar relacionamentos saudáveis, solidários e conscientes que durem, devemos antes criar um relacionamento saudável, solidário e consciente com nós mesmos. Da mesma forma, se quisermos experimentar o amor verdadeiro e incondicional com outro ser humano, devemos primeiro assumir o compromisso de encontrar a fonte desse amor dentro de nós, o que só é possível sendo fiéis a nós mesmos em todos os momentos e situações.

Perguntas práticas

» Em quais relacionamentos você tem dificuldade para se valorizar e falar sobre seus verdadeiros sentimentos, necessidades e desejos? Por que sente que tem dificuldade com isso?

» Quem em sua vida você acha difícil de aceitar como professor?

» Quem você espera que o faça feliz, o cure, o resgate, o conserte ou cuide de você?

» Quem você tenta fazer feliz, agradar, consertar, curar ou resgatar?

» Por quem você se trai e espera que faça a mesma coisa em troca?

» Em que você pode focar sua energia hoje que o represente se valorizando e, portanto, respeitando o que ama, quer ou precisa fazer?

Afirmações-chave

» Meus relacionamentos são tão saudáveis quanto eu. Minha saúde e minha felicidade estão em minhas mãos.

» No fundo, sei que quero relacionamentos honestos nos quais me sinta bem. Quero ser amado por quem sou, não pelo que faço ou como agrado aos outros.

» Cada pessoa em minha vida é meu professor.

» Nunca é tarde para recomeçar.

» Nunca é tarde para amar. Eu nunca serei velho demais para amar.

» Eu mereço intimidade e conexão profunda.

» Quando estou saudável e feliz comigo mesmo, crio naturalmente relacionamentos saudáveis e felizes.

» Eu mereço relacionamentos saudáveis, felizes e amorosos em minha vida.

Prática adicional para atrair um parceiro de vida

» Faça uma lista de todas as qualidades que você gostaria em um parceiro de vida. Relacione todos os traços de caráter que deseja, bem como todas as características físicas. Em seguida, liste tudo o que gostaria de fazer, criar, sentir e viver com essa pessoa. Por fim, relacione o que mais valoriza na vida e, portanto, deseja que seu parceiro também tenha como prioridade.

» Quando a lista estiver completa, transforme-a em uma carta ou uma oração ao universo, ou a Deus, e peça o que deseja. "Querido Deus (ou universo), por favor, envie uma alma gêmea que... Obrigado por minha alma gêmea ser tão..."

» Quando concluir as etapas um e dois, feche os olhos e imagine como será a vida quando você conhecer a pessoa que está procurando. Visualize o que vai fazer, criar, sentir e experimentar com essa pessoa. Então, em seu coração, agradeça ao universo ou a Deus por enviá-la. Embora possa parecer estranho no início, essa é uma técnica muito eficaz para ajudar a atrair o que você deseja.

» Finalmente, concentre-se em cuidar muito bem de si mesmo. Seja paciente e mantenha-se aberto a quem encontrar. Faça aquilo que faz você se sentir mais vivo, feliz e bem todos os dias para estar em paz com você mesmo e com sua vida o máximo que puder antes de conhecer alguém. Se conseguir fazer isso, não vai esperar que seu futuro parceiro o faça feliz. Em vez disso, ele ou ela será a "cereja do bolo" de uma vida que já é ótima.

Prática adicional para curar seu(s) relacionamento(s) atual(is)

» Se você tem dificuldades com qualquer relacionamento, seja com seu parceiro, seu cônjuge, seu pai, seu filho ou seu amigo, tente escrever uma carta a essa pessoa expressando como se sente, o que deseja e do que precisa. A princípio, recomendo que você escreva um rascunho — uma versão que não vai entregar a ela — para que possa se expressar com liberdade. Então, reescreva a carta com mais clareza e responsabilidade pessoal, e com menos reação e culpa. Em sua(s) carta(s), recomendo usar frases não agressivas, como:

» Eu me sinto... (magoado, zangado, desvalorizado, usado, amado, respeitado, valorizado etc.)

» Eu preciso... (de espaço, comunicação clara, respeito, honestidade, paixão etc.)

» Eu quero... (fazer coisas de que gosto, me divertir, compartilhar minhas emoções, viajar etc.)

» Sinto-me magoado, zangado, frustrado ou desvalorizado quando... Amo quando você... Gosto quando você... Não estou feliz nessa relação porque... Preciso me sentir seguro, saber que posso confiar em você, que sou importante etc.

» Quero sair, fazer, criar, experimentar etc.

» Quero que honremos e respeitemos o que é importante um para o outro.

» Eu gostaria de poder... É importante para mim que... Eu realmente preciso de algum tempo para mim.

» Por trás de cada situação, neste momento, todos temos sentimentos, necessidades e desejos importantes que devem ser valorizados para (1) termos um relacionamento saudável com nós mesmos, (2) termos relacionamentos saudáveis com os outros e (3) estarmos em paz, felizes e realizados. Se pudermos aprender a identificar o que sentimos, precisamos e desejamos no presente, podemos aprender a nos expressar com clareza, amor e responsabilidade.

» Outra abordagem extremamente útil para curar um relacionamento com alguém próximo é perguntar o que essa pessoa sente, deseja e precisa. Muitas vezes, não sabemos o que estamos sentindo, desejando ou necessitando, porque nunca aprendemos a ser presentes e claros conosco e com os que nos rodeiam. Se você puder ajudar as pessoas em sua vida a se entenderem mais profundamente, não há nada que não possa ser superado, curado ou harmonizado para o benefício de todos os envolvidos.

» Ao escrever sua(s) carta(s), você pode perguntar à pessoa a quem está se dirigindo o que ela sente, deseja e precisa, além de colocar a sua posição. Essa abordagem vai ajudar você e a outra pessoa a seguirem em frente com paz, compreensão e respeito mútuo.

Faça uma pausa agora para se perguntar se vale a pena pagar tão caro por tão pouco. Imagine que você diz à pessoa cujo amor deseja: "Deixe-me livre para ser eu mesmo, ter meus pensamentos, satisfazer meus gostos, seguir minhas inclinações, comportar-me da maneira que eu decidir que me agrada". No momento em que diz essas palavras, você vai ver que está pedindo o impossível. Pedir para ser especial para uma pessoa significa essencialmente comprometer-se com a tarefa de ser agradável a ela. E, portanto, perder a liberdade... Talvez agora você esteja pronto para dizer: "Prefiro minha liberdade ao seu amor". Se pudesse escolher entre ter companhia em uma prisão ou andar pela terra livre e sozinho, o que você escolheria? Agora diga a essa pessoa: "Deixo você livre para ser quem é, ter seus pensamentos, satisfazer seus gostos, seguir suas inclinações e se comportar da maneira que decidir que é do seu agrado." Ao dizer essas palavras a outra pessoa, qualquer outra, a que você ama —, você se libertou. Agora está pronto para amar. Pois quando você se apega, o que oferece ao outro não é amor, mas uma corrente à qual você e ele estão acorrentados. O amor só pode existir em liberdade. O verdadeiro amante busca apenas o bem do amado, o que requer especialmente a libertação do amado pelo amante.

— **Anthony de Mello,** *The Way To Love,* **1991**

CAPÍTULO 26

Compromisso saudável com você e com os outros

Coloque fogo na sua vida. Procure aqueles que abanam suas chamas.

— **Rumi**

> Onde quer que esteja, inspire devagar e profundamente, levando o ar até a barriga. É importante que neste momento você foque a atenção em si mesmo. Sinta todo o seu corpo, dos pés ao topo da cabeça, e depois até a ponta dos dedos. Livre sua mente de pensamentos intrusos. Relaxe qualquer tensão e deixe-se ser. Usando cada inspiração para abrir o corpo e criar espaço interior, dê boas-vindas a tudo o que está pensando, sentindo e experimentando aqui neste momento. Na expiração, imagine todas suas dificuldades indo embora. Esteja presente no seu corpo e na sua respiração.

Antes que qualquer forma de compromisso externo possa começar a ser ou permanecer saudável, temos que nos comprometer a ser completamente fiéis a nós mesmos. Enquanto não assumirmos esse compromisso conosco — o de dizer que nossos sentimentos, nossos valores, nossas necessidades e nossas aspirações mais profundas são importantes —, nossos compromissos pessoais e profissionais sempre resultarão em estresse, confusão, dificuldade e mágoa, especialmente nossos relacionamentos íntimos. Se você está enfrentando problemas para se comprometer com uma relação amorosa, é importante ser gentil com si mesmo enquanto segue os próximos passos. Você está se sentindo assim por uma razão. Ninguém quer se sentir inseguro, temeroso, dominado, controlado ou limitado em um relacionamento.

No entanto, é importante tomar consciência do por que você se sente assim. É empoderador saber que a principal razão para termos dificuldades com compromissos no geral, seja iniciando um novo relacionamento, seja questionando um já existente, é ainda não termos assumido completamente o compromisso com nós mesmos, o que implica aprendermos a nos valorizar e sermos fiéis a nós mesmos em todas as nossas interações. Esse é um grande desafio, mas é o único caminho para a paz, a felicidade e a liberdade duradouras — estejamos ou não buscando um amor verdadeiro e duradouro.

Um relacionamento seu não pode ser saudável ou sustentável se o relacionamento com você mesmo não for saudável e honesto. Sem o compromisso consciente de ser fiel a si próprio todos os dias, você não pode colocar ou manter os dois pés em uma relação. Da mesma forma, quando não aprendemos a nos fazer felizes, temos o hábito de sempre tentar agradar aos outros, na esperança de que eles retribuam o favor, o que leva a lições dolorosas.

Quando não aprendemos a desfrutar da nossa própria companhia, vamos preencher o vazio com pessoas pelas quais nos sentimos limitados, só porque temos medo de ficar sozinhos, enquanto culpamos nosso parceiro por aquilo que não tratamos em nós mesmos.

Por essas razões, quando sentimos que não temos as ferramentas ou a experiência para comunicar de acordo com nossos verdadeiros objetivos, sentimentos e necessidades, evitamos todas as formas de compromisso ou acabamos sempre em situações nas quais não conseguimos nos entregar totalmente. Em ambos os casos, muitas vezes temos medo de nos perder no relacionamento, o que nos faz ter medo de entrar nele ou desejar se livrar de um que já existe. Se aprendermos a agradar os outros em detrimento de nós mesmos, em troca de companheirismo, amor, carinho, atenção e apoio, ficaremos com medo de nos machucar e de nos deixarmos machucar.

Se tivemos o coração partido, ou partimos o coração de outra pessoa, pode ser assustador se entregar totalmente a alguém ou sentir alguém se entregando a nós. Essas duas dinâmicas nos levam de volta ao dever de falarmos sobre nossos sentimentos, medos, necessidades, reservas e esperanças atuais, para que as duas partes sintam que todas as cartas estão na mesa. Quando uma ou as duas partes conseguem se respeitar dessa maneira, simboliza um compromisso saudável, e o resultado é sempre menos presunção e mais verdade, o que leva a menos dor e mais clareza para todos os envolvidos.

Em um relacionamento que está apenas começando ou em um que já existe, ao respeitarmos nossos instintos, paramos de trair o que sentimos e, assim, evitamos atrair mais traições de outras pessoas. Quando falamos sobre nossos sentimentos em vez de empurrá-los para debaixo do tapete, também evitamos situações em que somos percebidos como o traidor. Em termos simples, dizer sim quando queremos dizer não, ou dizer não quando queremos dizer sim, leva à tristeza, à mágoa e à insatisfação. Fazer promessas com as quais não nos sentimos completamente bem ou pedir comprometimento a alguém que sabemos que não está pronto para isso são duas maneiras de se trair. São hábitos baseados em insegurança e é como nos tornamos vítimas daquilo que tememos.

Quando temos mais prática para falar e agir com base em nossa verdade, nos tornamos dispostos e capazes de nos entregar por inteiro a um relacionamento íntimo. Quando finalmente confiamos em nós mesmos, podemos escolher com consciência nos comprometer com os outros, porque sabemos que não vamos nos perder, nos abandonar ou nos machucar com ou por eles. O ideal, porém, é querermos nos sentir bem, felizes e inteiros sem precisar de alguém em nossa vida; então, se nos sentirmos nutridos, envolvidos e inspirados pela presença de alguém, vamos naturalmente nos inclinar a passar mais tempo com essa pessoa, independentemente de aonde isso vai nos levar.

Da mesma forma, quando somos recebidos dessa maneira por uma pessoa que baseia suas decisões em autoconsciência e integridade, ela também não vai precisar de nós, mas vai querer compartilhar conosco. Pode chegar um momento em que isso mude, porque uma ou as duas partes começam a se sentir diferente; se isso acontecer, se realmente houver autovalorização, você vai saber que tudo é como deve ser. Em vez de se torturar com a insegurança, vai aceitar seus sentimentos e os do outro, confiando que ambos ficarão bem. Um dia, as duas partes vão encontrar outra pessoa para compartilhar a vida, se desejarem isso.

Muitas vezes, nossos compromissos se esvaziam, apesar de sermos autênticos no dia a dia. Para muitas pessoas, eles são costumes sociais herdados, mantidos por crenças limitantes que mascaram nossos medos, nossas inseguranças e nossa capacidade inexplorada de nos expressarmos. É por isso que tantas pessoas quebram suas promessas ou acabam fugindo de seus compromissos. Elas se dispuseram a alguma coisa para a qual não estavam preparadas, porque ainda não entendiam quem eram ou ainda não se amavam. O compromisso autêntico e sincero é baseado em uma escolha que fazemos todos os dias: sermos verdadeiros e respeitosos primeiro com nós mesmos e depois com aqueles com quem nos relacionamos. Se estivermos rejeitando ou escondendo qualquer parte de nós mesmos, nossos compromissos externos mostrarão onde e como estamos nos abandonando. Esses compromissos nos afastam temporariamente da paz, da alegria e do amor que buscamos, que já estão presentes por trás de nossos medos, nossas feridas e das vozes em nossa cabeça. Paradoxalmente, mas propositalmente, às vezes todos tentamos escapar de nós mesmos por intermédio de compromissos externos impulsivos ou excessivos, que acabam nos forçando a voltar a nós e a assumir de maneira mais profunda o compromisso com nós mesmos.

Como a maioria já aprendeu da maneira mais difícil, o verdadeiro amor só pode existir em liberdade. Ao mesmo tempo, procuramos compartilhar todo o amor que temos no coração com pessoas que nos apreciam e nos respeitam. Por isso, é fundamental que assumamos o compromisso sincero de desenvolver uma intimidade e uma honestidade saudáveis com nós mesmos, necessárias para criarmos formas de intimidade profundamente nutritivas e autênticas com os outros. Quando fizermos isso, nosso coração sempre nos guiará através da confusão, do medo e da dor rumo a relacionamentos solidários, vitais e alegres.

CAPÍTULO 27

No fim, todo amor é amor-próprio

O ser humano é parte de um todo, que chamamos de "universo" — uma parte limitada no tempo e no espaço. Ele experimenta a si mesmo, seus pensamentos e seus sentimentos como algo separado do resto — uma espécie de ilusão de ótica de sua consciência. Essa ilusão é como uma prisão que nos impede de alcançar nossos desejos e ter afeto pelas pessoas próximas a nós. Nossa tarefa é nos libertarmos dessa prisão, ampliando nosso círculo de compaixão para abranger, em sua beleza, todas as criaturas vivas e toda a natureza.

— Albert Einstein

> Onde quer que esteja, inspire devagar e profundamente, levando o ar até a barriga. É importante que neste momento você foque a atenção em si mesmo. Sinta todo o seu corpo, dos pés ao topo da cabeça, e depois até a ponta dos dedos. Livre sua mente de pensamentos intrusos. Relaxe qualquer tensão e deixe-se ser. Usando cada inspiração para abrir o corpo e criar espaço interior, dê boas-vindas a tudo o que está pensando, sentindo e experimentando aqui neste momento. Na expiração, imagine todas suas dificuldades indo embora. Esteja presente no seu corpo e na sua respiração.

De início parece uma contradição, mas a verdade é que, quando nos amamos e nos ajudamos, também estamos amando e ajudando outras pessoas, porque a humanidade é uma teia de vida interdependente e interconectada. Isso também vale para quando damos apoio e amor a outras pessoas. Sempre que amamos ou ajudamos outra pessoa, estamos amando e ajudando a nós mesmos, porque não existe separação entre nós e as pessoas ou as coisas. À medida que aprendemos a nos amar incondicionalmente, amar alguém ou qualquer coisa "fora" de nós mesmos se torna um processo consciente de expandir nosso amor-próprio. A distinção importante a fazer aqui é: uma vez que nos amamos de maneira incondicional, nos tornamos capazes de compartilhar amor de forma consciente e sem condições, em vez de "dar" amor aos outros de maneira inconsciente só porque nos sentimos inseguros, inadequados ou indignos de amor, ou porque queremos, precisamos e esperamos algo em troca.

Da perspectiva mais ampla possível, o universo pode ser visto como um corpo, ou um eu, e cada um de nós, como uma célula dele. A partir dessa perspectiva, todo amor é, na verdade, amor-próprio, porque todos e tudo fazem parte desse eu universal. Outra maneira de entender isso é que o universo é sinônimo de Deus e, da mesma forma que todos somos parte desse eu universal, também somos parte do eu de Deus. A alma, o que percebemos como nosso "eu" individual, é tanto parte como expressão única de Deus, ou do eu universal. Como um copo cheio de água do oceano, não estamos separados do oceano propriamente dito.

Desse ponto de vista, o universo também pode ser visto como um sistema que funciona apenas com amor-próprio. Se você pensar na luz e na energia do sol, que nutrem a vida em nosso planeta, temos um exemplo perfeito do amor-próprio universal. Toda a vida na terra deixaria de existir se o sol não expressasse de maneira constante e incondicional seu amor pelo nosso planeta. Árvores, plantas, frutas, vegetais e grãos não cresceriam. Humanos e animais não teriam nada para comer. A água que bebemos permaneceria congelada e impossível de beber. As árvores e as plantas não receberiam a luz solar e a energia necessárias para converter o dióxido de carbono da atmosfera no oxigênio que todos respiramos. A vida neste planeta não existiria se não fosse o amor incondicional do sol pelo aspecto dele mesmo que é a Terra e toda a vida nela. O ponto aqui é que, por mais que nos percebamos separados do mundo ao nosso redor, nunca podemos nos separar verdadeiramente de alguém ou de qualquer coisa que exista, por mais que tentemos.

> Se você ama a si mesmo, ama todos os outros como se ama. Enquanto amar outra pessoa menos do que se ama, você não vai conseguir se amar; mas se amar todos igualmente, incluindo a si mesmo, você os amará como uma pessoa e essa pessoa é ao mesmo tempo Deus e homem. Assim, ele é a pessoa justa e grandiosa que, amando a si mesma, ama a todos os outros igualmente.
> — **Mestre Eckhart**

Outro grande exemplo de amor-próprio no universo é o que existe entre mãe e filho. A maioria das mães ama os filhos muito mais do que a si mesmas. De fato, muitas mães se doam incondicionalmente aos filhos, inclusive em detrimento delas mesmas. Elas fazem isso porque sabem que a vida dos filhos não está separada da delas. Que, no fundo, tendo ou não consciência disso, quando trazem outra vida ao mundo, grande parte de seu propósito é amar e nutrir essa vida de maneira incondicional.

O amor de um pai ou de uma mãe pelo filho é um dos exemplos mais poderosos de amor-próprio na natureza. O impulso instintivo de procriação em homens e mulheres é o impulso evolutivo do universo expressando um amor incondicional por si mesmo por intermédio de todas as formas de vida. Uma das principais razões para termos filhos é aprender a nos amar de maneira incondicional. Parimos aspectos de nós mesmos que não aprendemos a amar através de nossos filhos. É por isso que nossos filhos sempre refletem as partes que não curamos, não amamos, não respeitamos, não nutrimos, não integramos, não aceitamos, não perdoamos ou não expressamos totalmente em nossa vida. Para sua sorte, se você é pai ou mãe, ao aprender a amar, respeitar, aceitar, apreciar, nutrir e perdoar seus filhos, pode, por sua vez e da mesma maneira, aprender a se amar e a se curar.

À medida que as crianças crescem e se desenvolvem, elas também aprendem a amar, aceitar, valorizar e ser fiéis a si mesmas, principalmente por meio do relacionamento com os pais. Se você tem filhos, ou está ensinando-os a se amarem, personificando o amor incondicional por você mesmo e, assim, incentivando-os a fazer o mesmo, ou está desafiando-os de maneira inconsciente e fortalecendo o amor deles por eles mesmos, e não os amando de maneira incondicional. De qualquer forma, todos acabamos aprendendo a importância de nos valorizarmos através desse relacionamento íntimo vitalício.

> Aquele que experimenta a unidade da vida se vê em todos os seres, e todos os seres nele mesmo, e vê tudo com um olhar imparcial.
>
> — **Buda**

Independentemente da idade, nossos pais em geral são as pessoas que mais nos influenciam na nossa vida. Por isso, a quantidade de amor que temos por nós mesmos no presente é bastante afetada pela quantidade de amor que sentimos por nossos pais. É difícil nos aceitar se não aprendermos também a aceitar nossos pais, porque, em última análise, não existe separação entre eles e nós. Por várias razões, essa é uma das tarefas mais desafiadoras que temos que cumprir, mas muito necessária, tanto para a evolução da consciência humana quanto para aprendermos a nos amar incondicionalmente. Aprendendo a amar, aceitar, perdoar e compreender nossos pais, também aprendemos a nos amar e a amar as outras pessoas. Esse processo reflete a força da evolução se desenrolando através de nossa crescente expressão de amor, que é como nós, seres humanos, levamos adiante nossa linhagem genética.

O universo se expressa mais plenamente a cada nova geração. Através de nossos genes e nossas famílias biológicas, Deus expressa aspectos únicos de Si mesmo. Essa é outra importante maneira de o universo se amar através de cada um de nós. Sendo simplesmente ele mesmo, o eu universal — ou Deus — expressa sua inteligência milagrosa de forma mais completa através de todos e de tudo que existe. Por meio desse processo, o divino desenvolve seu maior potencial criativo em cada vida. A partir dessa perspectiva, somos Deus e o universo experimentando a si mesmo através da vida humana; e, à medida que passamos a nos amar incondicionalmente, criamos uma vida que é expressão única do amor do universo por si mesmo.

CAPÍTULO 28

A chave para a gratidão

> Há uma coisa simples errada em você: achar que tem muito tempo. Se não acha que sua vida vai durar para sempre, o que está esperando? Por que a hesitação em mudar? Você não tem tempo para isso, seu tolo. Independentemente do que esteja fazendo agora, pode ser seu último ato na Terra. Pode muito bem ser sua última batalha. Não há poder capaz de garantir que você viverá mais um minuto.
>
> — Carlos Castañeda, *Viagem a Ixtlan*, 1972

> Onde quer que esteja, inspire devagar e profundamente, levando o ar até a barriga. É importante que neste momento você foque a atenção em si mesmo. Sinta todo o seu corpo, dos pés ao topo da cabeça, e depois até a ponta dos dedos. Livre sua mente de pensamentos intrusos. Relaxe qualquer tensão e deixe-se ser. Usando cada inspiração para abrir o corpo e criar espaço interior, dê boas-vindas a tudo o que está pensando, sentindo e experimentando aqui neste momento. Na expiração, imagine todas suas dificuldades indo embora. Esteja presente no seu corpo e na sua respiração.

A vida é um milagre e, quando nos valorizamos o suficiente para ir além do medo em uma vida autêntica de verdade, experimentamos a existência de uma maneira palpável, não apenas como uma ideia. O fato de o coração bater, os pulmões inalarem oxigênio, os olhos poderem ler essas palavras e as células estarem realizando uma sinfonia de funções neste momento, todas nos permitindo sentir amor, tristeza, prazer e alegria em um só corpo, é muito incrível. Só não damos o devido valor à vida porque ficamos muito presos ao medo e ao sofrimento que resultam dela. Sem querer, vivemos consumidos pelo pensamento negativo e sempre nos esforçando para ser mais, fazer mais ou ter mais, o que nos faz perder nossa vida no aqui e agora. Especialmente no mundo acelerado de hoje, a maioria das pessoas está tão distraída e estressada, que nunca abre espaço ou reserva um tempo só para ser e aproveitar as coisas simples que fazem a vida valer a pena.

Descobri que existe uma chave mestra para nos sentirmos gratos de verdade pela nossa vida. Essa verdade parece ser negligenciada em muitas discussões sobre como apreciar cada dia de fato, e acho que a razão para isso é que essa verdade é das mais difíceis de abordar. Sem dúvida, há um enorme valor em desenvolver hábitos e práticas para reconhecer todas as coisas positivas da nossa vida. E é importante treinar a mente para apreciar todas as bênçãos que temos, mesmo quando estamos com dificuldades. No entanto, descobri que, se evitamos falar e agir com base em nossos verdadeiros sentimentos em qualquer situação, o medo e a autorrejeição resultantes nos impedem de sentir gratidão por simplesmente estarmos vivos. Em outras palavras, quando não estamos seguindo nosso coração, falando nossa verdade e vivendo com autenticidade, tanto no nível pessoal quanto no profissional, estamos nos prejudicando e nos impedindo de aproveitar a vida hoje como sabemos que é possível.

Na minha experiência, gratidão profunda é, em muitos aspectos, como amor íntimo. Algo que não pode ser forçado ou fabricado. Tem que surgir em nós de maneira natural e apaixonada. Sim, podemos com o tempo aprender a amar e apreciar alguém, da mesma forma que podemos desenvolver hábitos de procurar coisas pelas quais sentir gratidão todas as manhãs, noites ou ao longo do dia. No entanto, existe uma gratidão mais forte e pura que todos desejamos, que acho que sabemos que existe e só vem à tona quando nosso espírito se sente livre, nosso coração está aberto e nos sentimos completamente presentes. Ela simboliza nossa paixão pela vida, mais do que ser sobrecarregado por ela.

A única maneira de sentir gratidão real todos os dias é viver de uma maneira em que valorizemos, cuidemos e sejamos honestos em relação a nós mesmos, de modo a tocarmos o dia de um jeito que faça com que nos sintamos bem e vivos. Se permitirmos que a culpa, o medo e a obrigação guiem nossos pensamentos, nossas palavras e nossas ações, é claro que a vida não será boa, e não agradeceremos por ela. Em vez disso, ela vai continuar parecendo um problema ou uma batalha, porque continuamos menosprezando nossos sentimentos, nossas necessidades e nossos desejos verdadeiros para manter a paz ou permanecermos confortáveis. Se continuarmos rejeitando o que sentimos em nossos relacionamentos, em casa ou no trabalho, a vida continuará sendo difícil. Da mesma forma, se tivermos memórias emocionais não resolvidas de capítulos desafiadores da nossa vida armazenadas no corpo, elas também nos impedirão de aproveitar a vida.

> A gratidão pelo que existe é uma das ferramentas mais poderosas para criar o que ainda não existe. O que significa gratidão? Significa que você aprecia o que é. Você valoriza, dá atenção, respeita o que está aqui neste momento.
>
> — Eckhart Tolle

À medida que trabalhamos para ser fiéis a nós mesmos todos os dias e desenvolvemos hábitos que nos ajudam a sentir vivos e bem, é útil procurar com intenção os aspectos positivos da nossa experiência. Fazer isso todos os dias nos abre para possibilidades e oportunidades que, sem saber, repelimos quando estamos presos em uma mentalidade contraída ou negativa. Mesmo quando não estamos nos sentindo presos ou negativos, é tão fácil ficar preso na rotina, que raramente paramos para refletir sobre o que está funcionando em nossa vida, o que mais uma vez nos fecha para as experiências nutritivas que levam à paz e à realização profundas. Mas é importante ter em mente que podemos ter a disciplina de procurar todos os dias coisas pelas quais nos sintamos gratos; no entanto, se estivermos nos traindo e nos tornando vítimas dos medos que temos, nunca encontraremos a gratidão pura que só vem à tona quando não nos conformamos com menos do que somos capazes.

Apreciar nossa saúde, nossa casa, comida, água limpa, o calor dos raios de sol, qualquer quantia de dinheiro ou apoio financeiro que tenhamos, a educação que recebemos, nossos professores, meios de transporte, nosso trabalho, família, nossos pais, filhos, parceiro ou cônjuge, nossos amigos, animais de estimação e as funções inteligentes do nosso corpo — tudo isso são bênçãos saudáveis de valorizar mais a cada dia e que realmente ajudam a nos sentir mais positivos em geral. Se você parar agora mesmo, onde quer que esteja, respirar devagar e profundamente levando o ar ao abdômen, sentindo seu corpo, a vida que você é, e então olhar em volta com abertura, consegue ver a beleza, a magia e a profundidade desta vida? Se olhar para as árvores, os pássaros, o céu e as pessoas ao seu redor, consegue sentir como a vida pode ser um milagre?

Para sermos felizes, temos que aprender a buscar nosso propósito no nosso sofrimento, que está sempre presente e sempre leva à gratidão pelo desafio. Se estivermos vivendo uma mentira, nos traindo ou tentando sempre agradar a outras pessoas, cada dia vai continuar parecendo uma batalha, e continuaremos achando difícil sentir gratidão por nossa vida. Em algum momento, fica claro que ser fiel a nós mesmos, ainda se estivermos com medo ou em dúvida, é a maior lição e o verdadeiro caminho para a gratidão. É lógico, é muito difícil sentir-se grato pela vida quando também lutamos contra nossos verdadeiros sentimentos, necessidades e desejos.

> Grande parte do caos no mundo acontece porque as pessoas não reconhecem seu valor.
>
> — Chögyam Trungpa

À medida que aprendemos a valorizar nossos sentimentos, nossas necessidades e nossos desejos diariamente, desenvolvemos uma gratidão natural pela vida. De forma orgânica, passamos a viver cada dia de forma mais profunda e significativa, pois, quando não impomos condições para aceitar o que sentimos, também paramos de tentar chegar a outro lugar e de fingir ser uma pessoa que não somos. Quando deixamos de dizer "vou me amar, ser autêntico e ser feliz assim que tiver tal coisa", começamos a nos abrir para aproveitar o que já existe. Da mesma forma que aprendemos a nos sentir bem com nós mesmos independentemente das circunstâncias externas, também passamos a aceitar e apreciar cada momento pela lição ou pela experiência que ele oferece. Com esse processo, aprendemos a estar mais presentes em nossa vida, com o coração aberto e vulnerável, em vez de ficarmos sempre pensando no futuro. À medida que aprendemos a ser fiéis a nós mesmos em cada situação, paramos naturalmente de sentir que devemos sempre ser, fazer ou ter mais para sermos felizes. O resultado direto disso é uma disponibilidade para aproveitar a vida neste momento, que é o único lugar onde podemos nos alimentar de nossas experiências. Nosso esforço desesperado para chegar a outro lugar, fugir de onde estamos ou evitar nossos verdadeiros sentimentos é o que nos faz continuar andando em círculos e o que nos mantém insatisfeitos.

Por exemplo, você vai se surpreender quando perceber quantas vezes não aproveita o que está comendo ou bebendo, simplesmente porque está pensando em alguma coisa que precisa fazer ou que pode acontecer no futuro. Tenho certeza de que você fica inquieto ao pensar constantemente na próxima tarefa ou no próximo prazer de curto prazo, um ciclo que em geral é interminável, destrutivo e emocional, física e financeiramente exaustivo. Pelo lado bom, tudo que precisamos fazer é ser honestos todos os dias e focar no que nos faz sentir vivos e bem, porque isso desperta os sentidos para desfrutarmos de atividades simples como comer, respirar, caminhar, tomar banho, olhar uma flor, contemplar as estrelas, beijar alguém que amamos ou ter uma conversa real com outro ser humano milagroso. Quando estamos fazendo o que amamos e nos sentimos em harmonia com a vida, somos espontaneamente tomados por pura gratidão ao longo do dia. Em vez de não dar valor à nossa vida ou às pessoas que amamos, podemos seguir nosso coração, desacelerar e sermos autênticos — mesmo quando for desconfortável fazer isso —, e, assim, não permitir que nossa vida passe sem ser apreciada.

Perguntas práticas

» Se você fosse 100% honesto consigo mesmo e o medo não existisse, com base em que sentimentos, necessidades e desejos agiria hoje?

» Se você fosse completamente fiel a si mesmo hoje, o que diria e o que faria?

» A quem e pelo que você é grato em sua vida agora?

» Quais são as pequenas coisas da vida que você pode apreciar? A quem e pelo que do passado é grato?

» Por quais lições você é grato?

Afirmações-chave

» Obrigado por minha vida. Sou muito abençoado. Obrigado por meu corpo, minha mente e meu coração.

» Fingir ser feliz não é saudável.

» Mentir para mim mesmo para evitar a verdade sempre resulta em insatisfação.

» Obrigado pelos meus órgãos, meus ossos e minhas células saudáveis.

» Obrigado por minha família e meus amigos. Obrigado por minha mãe e meu pai.

» Obrigado por meu parceiro.

» Obrigado por meu espaço e meu tempo.

» Obrigado por meus filhos.

» Obrigado pelo teto sobre a minha cabeça.

» Obrigado por minha cama. Obrigado por meu trabalho.

» Obrigado pelos alimentos nutritivos e pela água limpa.

» Obrigado pelo sol.

» Obrigado pela Terra.

» Obrigado pelos anos incríveis que virão.

» Obrigado por hoje. Obrigado por este momento.

CAPÍTULO 29

Foque em sentir-se vivo e bem

As coisas se apresentam em sua experiência em resposta à sua vibração. Sua vibração deve-se aos pensamentos que você tem, e, pelos seus sentimentos, você pode dizer que tipo de pensamentos está tendo. Encontre pensamentos de boas sensações, que manifestações de boas sensações vão surgir. Tome a decisão de procurar os aspectos das melhores sensações em tudo a que tiver que dar sua atenção, e procure apenas coisas de boas sensações para dar sua atenção — assim sua vida vai se encher cada vez mais de boas sensações.

— Esther Hicks & Jerry Hicks,
The Teachings Of Abraham

> Onde quer que esteja, inspire devagar e profundamente, levando o ar até a barriga. É importante que neste momento você foque a atenção em si mesmo. Sinta todo o seu corpo, dos pés ao topo da cabeça, e depois até a ponta dos dedos. Livre sua mente de pensamentos intrusos. Relaxe qualquer tensão e deixe-se ser. Usando cada inspiração para abrir o corpo e criar espaço interior, dê boas-vindas a tudo o que está pensando, sentindo e experimentando aqui neste momento. Na expiração, imagine todas suas dificuldades indo embora. Esteja presente no seu corpo e na sua respiração.

A cada dia nos vemos diante de decisões na vida pessoal e profissional que acabam por definir o rumo do nosso destino e a qualidade da nossa saúde, da nossa felicidade e dos nossos relacionamentos. Se quisermos aproveitar a vida, estar bem e nos respeitar, é crucial fazermos escolhas alinhadas com quem realmente somos, nosso propósito e nossos verdadeiros sentimentos. Uma maneira simples, mas poderosa, de conseguir isso é olhar para cada momento como uma bifurcação no caminho para a vida mais alegre e autêntica. Em qualquer cenário, pelo menos uma direção sempre vai representar aquela decisão que não causa uma boa sensação ao nosso coração e ao nosso corpo. Nessa mesma situação, pelo menos uma outra direção ou um outro caminho vai acabar se revelando, representando uma decisão que, sem dúvida, é boa e necessária.

Muitas vezes, pode ser difícil decidir que caminho é melhor ou mais saudável para nós. É muito comum se sentir indeciso sobre qual decisão é boa e qual não é. No nível racional, podemos ser capazes de justificar por que qualquer uma dessas escolhas pode ser a melhor. Em situações como essa, o ideal é esperar e não fazer grandes escolhas até que surja do seu interior um reconhecimento claro. Embora isso pareça um senso comum, muitas pessoas enfrentam todos os dias dificuldades para identificar o que é ideal para elas e agir a partir desse reconhecimento. A principal razão para isso é que nossos pensamentos muitas vezes estão em desacordo com o que sentimos no coração, porque a mente ficou muito boa em proteger o coração da dor emocional. Essa dinâmica leva à sensação de que nossa cabeça e nosso coração apontam para direções opostas, quando, na verdade, eles estão simplesmente nos guiando para casa, para nós mesmos — para nossa verdade interior —, aqui no presente. Só ficamos muito bons em nos proteger de críticas, rejeição e julgamento.

Como muitos ignoram o que sentem instintivamente no corpo, agora vivem presos na mente, correndo em círculos, ruminando decisões importantes. O medo e a dúvida tendem a ser as forças motrizes que, em última análise, impedem uma ação intuitiva direta. Ironicamente, essa confusão mental é só um sintoma que nos guia para o que estamos sentindo agora, para que possamos curar as emoções internalizadas que impedem nosso coração e nossa mente de se sentirem unidos e de acordo. Outro ponto muito importante a entender é que a nova direção, ou o próximo passo, não vai ficar clara até que tenhamos aprendido completamente as lições que temos que aprender na situação atual. Muitas vezes, permanecemos em algo que não nos parece bom ou saudável até aprendermos a nos valorizar o suficiente para só entrarmos em situações e relacionamentos que nos ajudem a sentir bem e livres. Em outras palavras, permanecemos inconscientemente em situações que não nos fazem bem até aprendermos a expressar de forma plena aquilo que sentimos e de que precisamos e até encontrarmos clareza em relação ao que realmente queremos.

Na minha experiência, uma direção que vale a pena sempre se revelará quando estivermos de fato prontos para dar o próximo passo, em vez de fugindo dos desafios. Depois que processamos todas as emoções e lições presentes nas circunstâncias atuais, o melhor caminho a seguir será iluminado por sentimentos positivos e pensamentos claros, que nos fazem sentir tão bem que é impossível negar a direção que a vida está nos mostrando. Quando for o momento certo, poderemos fazer uma escolha com base na verdade, o que é muito diferente de falar e agir de forma reativa com base no medo e na negação da verdade.

Enquanto esperamos que o próximo passo se defina, além de nos perguntarmos o que estamos sentindo agora, aquilo a que mais devemos dedicar tempo e energia é fazer as pequenas coisas construtivas da vida que nos fazem sentir bem e vivos. Seja fazer caminhadas curtas, escrever, ler, tomar banho, preparar algo quente para beber, exercitar-se, ouvir música, pintar ou conectar-se com pessoas autênticas, concentrarmo-nos no que nos faz sentir bem aqui e agora permite aproveitarmos mais a vida no presente — ao mesmo tempo que distinguimos onde e com quem não nos sentimos bem, ou onde e com quem não nos valorizamos completamente.

Que atividades, pequenas ou grandes, fazem você se sentir bem e vivo?

Que atividades fazem você se sentir feliz e levam alegria para dentro de você?

Com que pessoas ou em que ambientes você se sente bem, simplesmente por poder ser você mesmo, ou explorar a si mesmo, ou fazer o que sente ser verdadeiro e saudável para você?

Ao responder a essas perguntas e concentrar-se nessas atividades e nesses relacionamentos o máximo que puder todos os dias, você vai aumentar o número de vezes em que se sente bem e vivo. Esse processo trará, com consistência, clareza às decisões, às metas, aos planos e às interações com outras pessoas, pois, quanto mais focar sua energia em se sentir bem, mais naturalmente sentirá e saberá que escolhas estão mais alinhadas com quem você é, com o motivo verdadeiro para estar aqui e com a qualidade de vida que gostaria de criar.

O propósito do ser humano é aproveitar a vida plenamente e aprender o que significa amar incondicionalmente, por isso preencher nossos dias com as pequenas coisas que nos fazem sentir bem é vital para criarmos uma vida plena. As pequenas escolhas diárias que nos dão energia, humor e saúde, em oposição àquelas que drenam nossa energia ou nos derrubam, é o que fornece o combustível de que precisamos para transformar visões, objetivos e desejos mais amplos na realidade que vivemos. Sem focar nas pequenas coisas que nos fazem sentir bem, não podemos ter acesso à energia de que precisamos para seguir em frente e criar uma vida que sustente nossa felicidade e nosso propósito de vida. Independentemente de quão atraente seja um estilo de vida, uma carreira, um relacionamento ou a realidade dos sonhos, nunca criaremos nada disso sem agir de um jeito que nos faça sentir cada vez melhor a cada dia. Por isso, cada momento oferece um caminho para aproveitarmos a vida todos os dias. Oportunidades que valem a pena sempre se apresentam, especialmente quando estamos focados naquilo que nos faz sentir bem. Se pudermos aprender a agir quando nos sentirmos bem, mas esperarmos para agir quando não, mesmo que nos sintamos inseguros, ansiosos ou temerosos, nosso coração sempre vai nos guiar em direção ao amor, à alegria e à paz duradoura que buscamos.

CAPÍTULO 30

Riqueza interior e liberdade financeira

Insistimos cada vez mais em arrecadar fundos de amor, de bondade, de compreensão, de paz. O dinheiro virá se buscarmos primeiro o Reino de Deus — o resto será dado.

— Madre Teresa de Calcutá

> Onde quer que esteja, inspire devagar e profundamente, levando o ar até a barriga. É importante que neste momento você foque a atenção em si mesmo. Sinta todo o seu corpo, dos pés ao topo da cabeça, e depois até a ponta dos dedos. Livre sua mente de pensamentos intrusos. Relaxe qualquer tensão e deixe-se ser. Usando cada inspiração para abrir o corpo e criar espaço interior, dê boas-vindas a tudo o que está pensando, sentindo e experimentando aqui neste momento. Na expiração, imagine todas suas dificuldades indo embora. Esteja presente no seu corpo e na sua respiração.

Todos temos crenças diferentes sobre o que constitui a verdadeira riqueza e o verdadeiro sucesso. No entanto, qualquer pessoa que tenha perseguido dinheiro, bens materiais ou sucesso em detrimento da sua saúde, dos seus relacionamentos e da sua paz e felicidade sabe bem que riqueza e sucesso verdadeiros não são medidos pela quantidade de dinheiro que temos no banco ou pelos bens materiais que possuímos. No mundo de hoje, muitos foram criados para pensar no sucesso principalmente em termos de acúmulo de riqueza e abundância material, mas, de novo, essas conquistas não significam nada se não tivermos amor por nós mesmos, por nossa vida e pelas pessoas que fazem parte dela. Se não estivermos em paz e felizes conosco, com nossos relacionamentos e carreiras, mesmo que tenhamos fama e fortuna, em que medida seremos realmente ricos e bem-sucedidos?

Inevitavelmente, sempre chega o momento em que percebemos que a verdadeira riqueza vem quando temos amor no coração, nos relacionamentos e pelo nosso trabalho. Quando estamos em paz, saudáveis, felizes e realizados, cultivamos um tipo de sucesso interior que nada nem ninguém pode tirar — uma forma de prosperidade com que nada pode se comparar. No fundo, todos queremos viver cada dia sentindo que nossa vida expressa nossas verdades e nossos valores mais íntimos, porque sabemos que essa é a única maneira de nos respeitarmos. Todos queremos acordar de manhã com uma percepção clara sobre quem somos e uma paixão pelo motivo de estarmos aqui, porque sabemos que encontrar esse tesouro desbloqueia a coragem, a confiança e a integridade que nenhum dinheiro pode criar ou comprar.

> De fato, que aproveitará ao homem ganhar o mundo inteiro e arruinar sua vida?
>
> — Mateus 16,26

Para aqueles que estão lutando para construir sua liberdade financeira, é crucial entender que é a profundidade da riqueza e do sucesso interior que determina nosso relacionamento duradouro e gratificante com a riqueza do mundo exterior. Por mais que todos tenhamos sido levados a acreditar no contrário, acumular riqueza material e ter segurança financeira sem levarmos em conta nossa paz interior, nossa felicidade e nossa vocação para a vida só resulta em insatisfação. Embora tenhamos a tendência de pensar que dinheiro e sucesso são os principais ingredientes para uma vida feliz e satisfatória, em um nível mais profundo sabemos que essas coisas nunca saciarão nossa fome de clareza de propósito, de conexão e de verdadeiro autorrespeito. Por mais estranho que possa parecer à primeira vista, aprender a amar e a valorizar a si mesmo não é apenas a chave para transformar seu sofrimento e cumprir o propósito da sua vida, mas também é uma maneira muito eficaz de você criar liberdade financeira.

Para aqueles que já criaram liberdade financeira, mas agora estão procurando amor verdadeiro, paz, saúde, felicidade e um significado mais profundo, os capítulos anteriores deste livro oferecem as chaves para criar um tipo de riqueza que nenhum dinheiro e nenhuma realização externa podem comprar. Levando isso em consideração, se você já criou riqueza financeira em sua vida, é empoderador se perguntar: *Por quê? De onde vieram minhas motivações? Fui condicionado por minha família e pela sociedade a ganhar dinheiro? Estava buscando amor, aprovação, atenção ou elogios? Temia pela minha sobrevivência ou pela sobrevivência da minha família? Acumulei riqueza material porque acreditava ser uma necessidade? Eu acreditava que o dinheiro e a riqueza material me tornariam mais amável, atraente, emocionalmente seguro e feliz? Acreditava que o dinheiro me daria poder, influência e controle?*

• • •

Se tivemos dificuldades financeiras, ou testemunhamos pessoas que não tinham uma boa relação com dinheiro, ou vemos o dinheiro como um mal, é fácil ficar preso na ideia de que devemos renunciar ao mundo material para encontrarmos paz, felicidade e reconhecimento duradouros.

No entanto, se pararmos para considerar que tudo no universo é parte de Deus, fica claro que não há uma separação entre nossos conceitos do que é "espiritual" e do que é "material".

Quando rejeitamos o mundo material por qualquer motivo, estamos, na verdade, negando uma parte muito grande de nossa experiência física, que devemos abraçar em algum momento. É importante lembrar que dinheiro e bens materiais nunca nos tornarão mais dignos de amor, mais merecedores, mais felizes, mais conectados ou mais seguros emocionalmente. Porém, ao mesmo tempo, se quisermos nos libertar do sofrimento, uma hora vamos ter que respeitar os aspectos internos e externos da nossa vida.

Embora muitas pessoas fechem o coração e a mente para a ideia de ganhar dinheiro ou criar riqueza material, o dinheiro propriamente dito não é de forma alguma ruim. É a nossa relação com o dinheiro que pode ser saudável ou não. Na verdade, o dinheiro é apenas outra forma de energia atômica ou de amor. Se nossa felicidade e nossa noção de amor-próprio se baseiam em quanto dinheiro ou em quanta riqueza material temos, então nosso relacionamento com o dinheiro é prejudicial e limitante. No entanto, se sabemos que o dinheiro não pode comprar felicidade e amor, e que devemos ser fiéis a nós mesmos e responder ao nosso chamado interior, nosso relacionamento com o dinheiro pode ser saudável e libertador.

A mesma lógica se aplica ao mundo material das "coisas". As coisas não são ruins em si mesmas. Não há nada de errado ou de pecaminoso em desfrutar de belos objetos materiais. Assim como com o dinheiro, é nosso relacionamento interno com esses objetos materiais (ou a falta dele) que é saudável ou não. Se acreditamos que posses materiais nos tornam mais dignos de amor, mais merecedores, mais felizes ou menos inseguros, então nosso relacionamento com as "coisas" que temos ou desejamos é definitivamente ruim. Da mesma forma, se nos identificamos com nossos bens materiais e, assim, acreditamos que eles nos definem e nos tornam superiores ou inferiores aos outros de alguma forma, de novo, nosso relacionamento com esses objetos sempre nos fará sofrer.

Quando aprendemos a priorizar nossa riqueza interior — nossa paz, nossa saúde, nossa felicidade e nosso amor-próprio —, podemos desfrutar do mundo físico sem nos apegarmos a nada. Se sabemos que as "coisas" nunca trarão felicidade, significado e amor verdadeiro, podemos criar e experimentar todas as formas de riqueza material sem nos perdermos nelas ou nos iludirmos pensando que algum dia encontraremos o que estamos procurando fora de nós mesmos.

> Viver contente com pouco; buscar elegância em vez de luxo, e refinamento em vez de moda; ser digno, não respeitável, e abastado, não rico; ouvir estrelas e pássaros, bebês e sábios com o coração aberto; estudar muito; pensar com calma, agir com franqueza, falar com gentileza, esperar ocasiões, nunca se apressar; resumindo, deixar o espiritual, espontâneo e inconsciente crescer por meio do comum: esta é a minha sinfonia.
> — **William Ellery Channing**

Se você quer criar uma liberdade financeira maior ou simplesmente encontrar uma abordagem mais gratificante para ganhar dinheiro, você precisa abrir a mente e aceitar uma nova maneira de pensar no dinheiro e, em particular, em sua relação direta com o amor. Em termos práticos, descobri que é crucial entender a relação íntima entre (1) quanto amamos a nós mesmos, (2) quanto amor damos aos outros, (3) quanto nosso coração é aberto e vulnerável e (4) quanto somos ricos e bem-sucedidos externamente. Em outras palavras, se quisermos prosperar neste mundo em evolução, temos que dominar a dinâmica íntima e sempre em desenvolvimento entre dinheiro, amor e a natureza energética do nosso universo.

A ciência mostrou como tudo no universo é feito de átomos, que impulsiona o funcionamento e o movimento de todas as formas de vida e matéria. Falando de maneira prática, tanto o amor quanto o dinheiro podem ser vistos como duas manifestações da mesma energia atômica básica que compõe tudo que existe. Por trás das aparentes diferenças entre corpos, pensamentos, dinheiro, objetos materiais e o amor, existe uma força ou trama subjacente, unificadora — que é o universo inteligente, lógico, consciente e energético.

A essa altura, você pode estar perguntando: Por que é importante entender isso para viver uma vida rica, bem-sucedida e financeiramente livre?

A razão pela qual esses insights são tão importantes é que, embora existam muitas maneiras de ganhar dinheiro e de criar riqueza material em curto prazo, só existe uma maneira de construir liberdade financeira sustentável e a longo prazo e de viver uma vida plena e alinhada com o universo, com o propósito de nossa vida, com nossa paixão e com quem realmente somos. Essa maneira é seguir sempre nosso coração e viver de maneira a estarmos abertos e vulneráveis. Você pode ficar cético no início, mas a verdade é que somente através da expansão contínua da capacidade do nosso coração de dar e receber amor é que podemos nos abrir para o fluxo ilimitado de riqueza-amor-energia universal sempre disponível para nós.

Falando em termos práticos, construímos nossa vida com as energias sutis de nossas crenças, pensamentos, emoções, ações e palavras. Se explorarmos esse processo de criação em um nível mais profundo, veremos que nossas crenças, nossos pensamentos e nossas emoções conduzem, em última análise, às atitudes que tomamos e às palavras que dizemos. Nessa perspectiva, fica claro que, quanto mais nossas crenças, pensamentos e emoções sejam baseados em bondade, aceitação e honestidade — ou, em outras palavras, em amor-próprio incondicional e paixão pela vida —, mais nossas ações e nossas palavras vão se basear em amor e paixão. Consequentemente, quanto mais nossas crenças, pensamentos, emoções, ações e palavras estiverem fundamentados em uma energia amorosa e orientada pelo propósito, mais nossa vida no mundo exterior vai refletir essa saúde, bondade e positividade interiores.

Quando realmente nos valorizamos e nos respeitamos, em vez de corrermos atrás de dinheiro por medo, insegurança e inadequação, criamos situações positivas tanto no nível pessoal quanto no profissional, porque esse é o resultado de um relacionamento saudável com nós mesmos, em que nos concentramos no que amamos todos os dias. Quando somos fiéis a nós mesmos, ficamos mais felizes com nosso trabalho e com nossa vida. Quando nos damos permissão para encontrar nosso ofício e nossa vocação, e assumimos o compromisso de dominá-lo, a quantidade de energia e de amor que temos para cada situação aumenta de forma intensa, magnética e expansiva. É por isso que pessoas verdadeiramente felizes, inspiradas e autênticas sempre atraem pessoas e oportunidades incríveis. Não importa em que tipo de vida e troca apaixonadas nos envolvamos, o que importa é encontrarmos um trabalho e um jeito de viver que seja significativo e agradável para nós. Então, desde que estejamos cuidando da saúde e fazendo o que amamos todos os dias, sempre recebemos de volta a energia que damos, do jeito mais útil e em qualquer ponto específico da vida. Seja dinheiro, comida, abrigo, trabalho, apoio emocional ou companheirismo, recebemos aquilo de que estamos precisando quando nos comprometemos a ser autênticos e felizes e paramos de viver com medo, tentando preservar nosso orgulho ou evitar julgamentos. Se acordamos todas as manhãs e entregamos nosso coração ao que estamos fazendo, sempre teremos riqueza no mundo exterior. Isso acontece porque, quanto mais nos amamos, mais somos capazes de amar outras pessoas e a vida em geral. E, quanto mais somos capazes de nos amar, amar os outros e o nosso dia a dia, mais aberto e vulnerável se torna nosso coração. Quanto mais aberto e vulnerável nosso coração se torna, mais somos capazes de dar e receber amor em suas várias formas (ou seja, dinheiro, compaixão, presença, energia, inspiração etc.). Então, por mais incompreensível que possa parecer, a quantidade de dinheiro e de riqueza material que atraímos, sustentamos e de que desfrutamos é diretamente proporcional a quanto nosso coração está aberto e a quanto amor estamos dispostos a dar a nós mesmos e ao mundo. Embora nossa relação com o dinheiro e com a sobrevivência material tendam a ser bastante complicadas, confusas e estressantes, construir uma liberdade financeira significativa é mais simples quando entendemos que a quantidade de energia e de amor que recebemos da vida é igual ao quanto atendemos à nossa verdadeira vocação na vida.

> Pois o verdadeiro amor é inesgotável; quanto mais você dá, mais você tem. E se você for extraí-lo da sua nascente, quanto mais água você tirar, mais abundante será seu fluxo.
> — Antoine de Saint-Exupéry

Embora, talvez, não ouça isso com frequência, você é completamente capaz de criar a liberdade financeira que deseja. Ter ou não essa liberdade depende de quanta responsabilidade você está disposto a assumir pelo amor, pela aceitação, pelo valor e pelo respeito que cultiva por si mesmo e por seu propósito de vida. A capacidade individual de criar liberdade financeira é ilimitada — se é isso que você deseja. A maioria das pessoas não precisa de tanto dinheiro para ser feliz. Precisamos apenas do suficiente para cuidar de nossas responsabilidades e conviver com aqueles que amamos. No fundo, todos sabemos que o dinheiro não pode comprar as coisas mais valiosas da vida. Portanto, mesmo que tivéssemos todo o dinheiro do mundo, ainda não poderíamos comprar a amizade, o autorrespeito, a paz, a felicidade e o amor que procuramos.

Quando seguimos nosso coração e nos dedicamos ao que somos chamados a fazer, sempre criamos exatamente aquilo de que precisamos para sustentar nosso estilo de vida e nossa forma de estar no mundo. Descobri que, quando estamos focados em cumprir nosso propósito, o universo e Deus sempre nos fornecem tudo de que precisamos para desfrutar da vida e viver com paz no coração. No fim, é um desperdício de tempo e de energia julgar outra pessoa com base em quanto dinheiro ela ganha ou no que ela tem. Tudo que podemos fazer é nos concentrar em ser fiéis a nós mesmos, para que possamos criar o que desejamos e nos sentirmos bem.

Embora não tenhamos aprendido a pensar dessa maneira, vivemos em um universo infinito, então sempre tem energia, dinheiro e amor suficientes para todos. O simples fato de uma pessoa ter muito de alguma coisa não significa que não exista o suficiente para nós cumprirmos nosso potencial único e vivermos cada dia ao máximo. A vida pede que sejamos pacientes, persistentes e gentis com nós mesmos enquanto cultivamos a autoestima e a riqueza interior que sempre precedem a riqueza externa e o sucesso em longo prazo, que têm valor real e duradouro. Como somos 100% responsáveis pelo que criamos e capazes de criar qualquer coisa de que realmente precisemos, cabe a nós romper os bloqueios internos que nos impedem de abrir nosso coração, de apreciar o milagre da vida e de ser felizes. No final, não há palavras para descrever a prosperidade e a vitalidade que nascem de sermos fiéis a nós mesmos e vivermos apaixonadamente.

Perguntas práticas

» O que a riqueza e o sucesso significam para você?
» Como será sua vida quando você se sentir rico e bem-sucedido?

» Se tivesse todo o dinheiro que deseja, o que você faria, criaria ou experimentaria?

» Você realmente precisa de mais dinheiro para fazer, criar e experimentar todas essas coisas?

» Você sente que seu coração está aberto? Sente que ama a vida e as pessoas com todo seu coração? Se não, por quê? Quando vai assumir o risco e dar tudo de si para sua vida e seu propósito?

» Você trabalha com o que ama?

» Se não, quando vai parar de fazer concessões?

» Você gasta demais ou compulsivamente? Se sim, consegue ver que faz isso porque ainda não se aceita totalmente? Consegue ver como gastar dinheiro o entorpece temporariamente para certas coisas dentro de você e de sua vida? Consegue ver como, por trás desse hábito, existem coisas sobre você, sua vida e seu passado que ainda não ama, não aceita, não perdoa ou com as quais não se sente bem? Consegue ver como a raiz de seus gastos excessivos está ligada a coisas em sua vida que você está comprometendo, abandonando, traindo e, assim, se machucando? Consegue ver que, a despeito do que compra, suas inseguranças não desaparecem? Consegue ver como, no nível inconsciente, você acredita que ter mais ou comprar mais o tornará mais digno de amor, mais atraente e mais seguro de si mesmo? Percebe como isso está conectado ao amor condicional, à aceitação e à aprovação que busca nos outros? Por fim, consegue ver como poderia ser mais feliz com si mesmo se concentrasse mais de seu tempo e de sua energia em projetos e atividades significativos que fossem impulsionados pelo seu propósito de vida, pela sua paixão e pela sua vocação?

» Você tem medo de gastar dinheiro? Em caso afirmativo, consegue ver como você talvez considere que não tem dignidade ou valor para gastar dinheiro consigo? Pode ver como teme sentir insegurança e inadequação e, assim, tenta encobri-las acumulando dinheiro e bens materiais? Você está ciente de seus medos em relação a dar e receber amor? Consegue ver como tem medo de ser rejeitado, abandonado, traído, usado ou ferido, e sente necessidade de se conter e supercontrolar a si mesmo e seus verdadeiros desejos? Consegue ver que, por trás do medo de "não ter o suficiente", você tem medo de aceitar e expressar o que realmente sente, quer e precisa? Pode ver que não tem total confiança na vida porque não confia em si mesmo? Por último, e de novo, consegue ver como poderia se sentir mais livre se estivesse mais focado em projetos e atividades movidos por seu propósito de vida, sua paixão e sua vocação? Percebe como, ao adotar essa abordagem em relação ao dinheiro e à vida, você pode gerar uma renda regular e receber aquilo de que precisa para manter uma vida significativa, generosa e inspirada?

Afirmações-chave

» O amor-próprio e o autorrespeito são o meu caminho para a riqueza e o sucesso verdadeiros.

» O dinheiro nunca vai me comprar amor e felicidade verdadeiros.

» Nenhuma quantia pode me tornar mais digno de amor do que já sou.

» Eu mereço o amor verdadeiro do jeito que sou.

» Eu mereço a liberdade financeira de viver uma vida alegre e que eu ame.

» Tenho tudo de que preciso para criar uma vida rica, bem-sucedida e gratificante.

» Amar a mim mesmo é o caminho para a realização e a liberdade financeira.

» Quanto mais me amo, mais rico e bem-sucedido me torno.

» Minha saúde e minha felicidade são mais valiosas que o dinheiro.

» Para conhecer meu valor, tenho que expressar meus verdadeiros sentimentos e seguir meu coração.

» Dinheiro e amor são energia. Quanto mais amor eu tiver por mim mesmo, mais riqueza criarei.

» A vida me apoia de todas as maneiras quando sou fiel a mim mesmo e ao meu propósito.

CAPÍTULO 31

Escolha a vulnerabilidade

Não é o crítico que conta; nem aquele que aponta como o homem forte tropeça ou onde o executor das obras poderia tê-las feito melhor. O crédito é do homem que está na arena, cujo rosto está sujo de poeira, suor e sangue; que luta com valentia; que erra, que falha repetidamente, porque não há esforço sem erro e falha; mas quem se esforça de verdade para fazer; quem conhece os grandes entusiasmos, as grandes devoções; quem se dedica a uma causa nobre; quem na melhor das hipóteses conhece no fim o triunfo da grande conquista, e, na pior das hipóteses, se falhar, ao menos falha ousando grandiosamente, de forma que seu lugar nunca seja junto daquelas almas frias e tímidas que não conheceram a vitória nem a derrota.

— Theodore Roosevelt

> Onde quer que esteja, inspire devagar e profundamente, levando o ar até a barriga. É importante que neste momento você foque a atenção em si mesmo. Sinta todo o seu corpo, dos pés ao topo da cabeça, e depois até a ponta dos dedos. Livre sua mente de pensamentos intrusos. Relaxe qualquer tensão e deixe-se ser. Usando cada inspiração para abrir o corpo e criar espaço interior, dê boas-vindas a tudo o que está pensando, sentindo e experimentando aqui neste momento. Na expiração, imagine todas suas dificuldades indo embora. Esteja presente no seu corpo e na sua respiração.

Uma das percepções mais importantes que já tive na vida é de que só quando pulamos, quando damos um salto de fé e arriscamos tudo que conhecemos é que a vida pode nos dar o que mais desejamos.

A lógica por trás disso é que, quando nos permitimos ser vítimas dos nossos medos — ou seja, permitir que nosso medo do fracasso, do julgamento, da dor, da rejeição e do desconhecido nos impeça de ser fiéis a nós mesmos ou de buscar o que nos faz bem —, nosso coração permanece fechado, o que literalmente nos impede de receber as coisas que buscamos e pedimos. É como se fôssemos torturados e passássemos fome por semanas, mas, quando alguém abrisse a cela e nos oferecesse comida, ficássemos com medo de sair e mantivéssemos as mãos sobre a boca, recusando-nos a receber aquilo de que precisamos. Em outras palavras, quando permitimos que os medos conduzam nossas escolhas, as atitudes que não tomamos e as oportunidades que deixamos passar simbolizam a rejeição a nós mesmos e à vida que nascemos para viver.

Por outro lado, quando encontramos coragem para enfrentar nossos medos, ir atrás do que sonhamos e, assim, entrar no desconhecido, nosso coração se abre e nos preparamos para finalmente receber o que queríamos sentir, alcançar e experimentar. Quando ficamos exaustos de lutar e rejeitar nossos verdadeiros sentimentos, é hora de escolher o caminho vulnerável e arriscar, abandonar os pequenos confortos com os quais sabemos que não estamos satisfeitos e abraçar a vida que esperamos, para além de nossa tentativa autodestrutiva de controlar tudo.

É hora de admitirmos a verdade para nós mesmos, expressá-la com gentileza e autenticidade e confiar que tudo aquilo que morre ou muda no processo de nos tornarmos plenamente nós mesmos tinha que ir, e que isso foi melhor para todos.

Salte, e a rede vai aparecer.

— John Burroughs

O sucesso autêntico ao longo do tempo, seja na vida, no amor, nos negócios, na saúde ou na consciência espiritual, é resultado direto do compromisso de permanecermos abertos e vulneráveis.

Na minha experiência, todos os empreendimentos bem-sucedidos — seja o objetivo de me amar incondicionalmente, de cumprir o propósito de minha vida, de construir um negócio próspero, de expressar minha atração por uma mulher, de criar um relacionamento saudável ou de encontrar a paz interior — se reduzem à minha vontade de superar a rejeição e o medo de ser rejeitado. Em outras palavras, descobri que a vontade persistente de pular, de empurrar os limites da minha zona de conforto, de deixar meu coração falar, de expressar a verdade nele e de seguir de maneira contínua o que é bom e saudável — independentemente do que aconteça — é o que abre a porta para realmente aproveitarmos a vida.

Ao enfrentarmos com coragem a rejeição e o medo da mesma, acabamos aprendendo a não ter medo deles, porque o autorrespeito e a autoconfiança decorrentes de sermos fiéis a nós mesmos — de não nos limitarmos — têm mais valor que um falso sentimento de orgulho ou segurança. Em algum momento, fica evidente que a dor que criamos ao nos rejeitar é muito maior e muito mais destrutiva que qualquer dor que poderíamos experimentar ao sermos, por qualquer motivo, rejeitados ou criticados por outra pessoa. Quando finalmente entendemos essa grande verdade, tanto a possibilidade de rejeição quanto o medo dela perdem poder sobre nós, o que nos permite viver de forma vulnerável e dar um salto de coragem sempre que a vida nos convoca ao novo e ao desconhecido.

Perguntas práticas

» Se você soubesse que vai morrer em um ano, em que concentraria seu tempo e sua energia?

» Aonde iria e o que faria, veria e experimentaria? Para quem ligaria ou com quem se reconectaria?

» Quem você perdoaria?

» Com quem passaria mais tempo?

» Como é para você uma vida mais livre e alegre? Qual é a vida dos seus sonhos?

» Que atitudes você sabe que precisa tomar para ampliar sua visão e tornar seu sonhos realidade? Por que você está evitando fazer isso? Quando vai parar de dar desculpas e ir atrás daquilo em que acredita, que valoriza, quer e ama?

» Em que área de sua vida você está se contentando com menos do que sabe que é capaz?

» Onde e para quem você ainda está fazendo concessões e negando sua grandeza?

» Mais uma vez, você está esperando que seus filhos envelheçam, seus pais morram ou seu relacionamento íntimo termine para começar a viver da maneira que deseja? Se sim, por quê?

» Quando você vai dizer "chega de acomodação, de concessão, de doença, de miséria e de viver com medo"?

» Se não agora, quando? Se não hoje, então quando?

Afirmações-chave

» Eu não nasci para sofrer. Nasci para viver minha vida ao máximo.

» Eu mereço o melhor em todos os aspectos da minha vida.

» Eu mereço ser feliz.

» Nunca é tarde para recomeçar. Eu posso recriar qualquer coisa.
» Sou sempre apoiado e estou sempre protegido.
» Não vou me contentar com menos de que sou digno, merecedor ou capaz.
» Eu tenho dentro de mim tudo de que preciso para criar uma vida gratificante e que amo.

CAPÍTULO 32

A questão final

Há apenas dois erros que se pode cometer no caminho da verdade: não ir até o fim e não começar.

— Buda

Depois de anos procurando desesperadamente felicidade, propósito e amor verdadeiro, comecei a me perguntar: "Se a perspectiva mais libertadora é nos ver como Deus em forma humana, o que implica afirmar que escolhemos e criamos nossa vida e nossas experiências em sua totalidade, por que escolheríamos sofrer ou criar dor para nós mesmos e para os outros"? Do ponto de vista teológico, essa questão pode ser formulada assim: "Por que Deus criou o sofrimento? Se somos tão inteligentes e poderosos, por que escolheríamos nos machucar por falta de amor-próprio? Por que escolheríamos esquecer quem realmente somos ou por que estamos aqui? Por que criaríamos um ego, um eu separado, esquecendo assim nossa unidade com Deus, o universo e toda a vida? Por que escolheríamos esquecer que nossa verdadeira natureza é uma fonte infinita de amor incondicional e que não precisamos buscar o amor fora de nós mesmos"?

Eu me fiz essas perguntas por um tempo, porque elas pareciam a peça final para o quebra-cabeça da minha busca por paz interior e liberdade duradouras. Sentia que, por sermos parte de Deus, deveríamos ser capazes de entender a mente e a lógica Dele. Em algum momento, pode-se dizer que me foi mostrado, ou lembrei, que a razão pela qual escolhemos criar sofrimento para nós mesmos é podermos trazer amor, bondade e perdão ao mundo físico. Também escolhemos experimentar o que não nos faz sentir bem para criarmos um contraste com o que nos faz sentir bem, o que nos faz direcionar nossas escolhas e nossas ações para o que favorece nossa saúde e nossa felicidade, seja lá o que for.

A lógica por trás dessa verdade espiritual suprema é que, se pudermos ver nosso sofrimento como uma escolha que fizemos para, em algum momento, aprendermos a nos perdoar pelo ato de fazer essa escolha, começando por aquilo que nos a ela e por todos os desafios que vieram com ela, podemos assumir responsabilidade por nossa cura e nossa felicidade, no âmago da nossa psique e do nosso ser. Se somos de fato Deus em forma humana, criamos esse processo somente para desenvolver a capacidade de aceitar e perdoar os outros, o que é a essência do amor incondicional. Ao sabermos como é sentir dor, depois de termos ferido a nós mesmos e aos outros no passado, não podemos deixar de ser mais gentis, complacentes e compassivos. Também aprendemos a não levar as coisas para o lado pessoal, o que é libertador por si só. Saber isso é importante porque, se realmente quisermos aproveitar nossa vida, encontrar um trabalho gratificante e criar relacionamentos saudáveis, não temos escolha a não ser assumir total responsabilidade por tudo que vivenciamos. Isso significa que não podemos culpar Deus, nossos pais, nossos filhos, nosso cônjuge ou qualquer outra pessoa por qualquer outro motivo, porque ao agir assim continuamos a criar sofrimento, depressão e outros problemas.

No início da minha jornada espiritual e de cura, eu acreditava que a responsabilidade e a liberdade não podiam coexistir. No entanto, mais tarde percebi que, para me libertar do sofrimento e aproveitar minha vida, precisava me comprometer totalmente com o propósito da minha vida e me relacionar comigo mesmo com aceitação amorosa todos os dias. Tive que assumir total responsabilidade por cada pensamento, emoção, palavra, atitude e experiência em minha vida.

Hoje, é somente sendo gentil e verdadeiro comigo mesmo em cada situação, mesmo quando estou com medo, que a vida me abre as portas da liberdade, da alegria e da paz sempre em expansão. Fico mais humilde ao aceitar os desafios da vida como se fossem as que fiz com o universo e com Deus antes de nascer, porque assim encontro força e coragem para trilhar até o fim o caminho que me foi destinado, sabendo que desistir e dar meia-volta não são opções, pois só me levariam de volta ao sofrimento.

CAPÍTULO 33

Antes de morrer, viva plenamente

Aquele que acompanha a multidão geralmente não vai além da multidão. Aquele que anda sozinho provavelmente irá a lugares onde ninguém jamais esteve.

— **Albert Einstein**

Este livro convocou você a transformar as visões e os hábitos autodestrutivos que foram transmitidos por seus pais, sua linhagem genética e pela sociedade moderna. Neste exato momento, você está sendo desafiado a quebrar o ciclo de automutilação e autorrejeição, porque ele tem que parar. E você pode fazer parar.

Vimos pessoas que amamos lutando contra vícios, depressão, doenças, medo e problemas de relacionamento, enquanto tentavam criar uma família, colocar comida na mesa ou simplesmente encontrar um pouco de paz, felicidade ou conexão.

A triste verdade é que a maioria das pessoas nunca aprendeu a se amar incondicionalmente, nem por que é tão importante aprender essa lição o mais cedo possível. Como você e eu, ninguém aprende de verdade a ser feliz e estar bem. As pessoas que nos influenciaram quando crianças não podiam mostrar ou ensinar o que elas mesmas ainda se esforçavam para aprender. Elas não puderam nos ajudar a desenvolver uma consciência emocional saudável, muito menos a prevenir a depressão e outros problemas, porque ainda não sabiam muito bem como se cuidar ou se valorizar. É fácil ver como, ao longo de gerações, pessoas no mundo todo lutaram para viver de maneira alegre, autêntica e satisfatória. É por isso que o desejo de não mais sofrer sempre emergiu espontaneamente das profundezas do coração humano.

No fim, o desejo de paz, propósito, saúde, felicidade e conexão autêntica sempre tem mais valor, depois que as tempestades de medo, ódio, vaidade e materialismo passam e dão lugar à clareza e à luz de amor incondicional, bondade, honestidade e respeito mútuo.

Independentemente da nossa idade ou de em que momento da vida estamos, quando olhamos para trás, para a nossa vida, e vemos as provações que passamos e a que sobrevivemos, é difícil não sentir compaixão por nós mesmos e pelas pessoas mais próximas a nós.

Quando não somos reativos, e não estamos feridos, zangados ou assustados, e realmente paramos para refletir sobre as lições desafiadoras que a vida apresenta a todos de forma única mas igual, é difícil não sentir simpatia pelo nosso planeta, pelos nossos ancestrais e pelas gerações que ainda virão. Como seres humanos, todos temos dificuldades, e ainda assim encontramos inúmeras maneiras de nos julgar por sentir o que sentimos, por criar a vida que temos ou por estar nas situações em que estamos.

No entanto, quando enfim encontramos coragem para nos relacionarmos conosco com honestidade e bondade, podemos facilmente ver que fazemos o melhor com o que sabemos, e às vezes não sabemos que não sabemos até sermos forçados a aprender, o que normalmente acontece por intermédio da dor.

> Aquele que aprende precisa sofrer.
> E mesmo no sono a dor que não se pode esquecer,
> cai gota a gota no coração.
> E apesar de nós mesmos, contra nossa vontade,
> A sabedoria chega até nós pela terrível graça de Deus.
>
> — Ésquilo

Em algum momento, todos vamos lembrar que o amor é o prisma através do qual todas as necessidades humanas são atendidas. Na minha opinião, desde o princípio do universo até o início desta vida, todos tomamos forma e somos criados na energia do amor, e é por isso que, conscientes disso ou não, sempre foi nosso destino voltar para casa, para a fonte de amor de onde viemos, apenas para percebermos que nunca saímos dali. Nossa paz se aprofunda à medida que (1) percebemos a verdade de nossa existência e (2) sentimos o amor verdadeiro que dá significado a ela.

Todos nascemos sabendo que viemos para cá para aproveitar a vida, o corpo e experimentar o amor da maneira mais completa possível. Sabemos que não viemos a este mundo para ficarmos presos, entorpecidos, infelizes ou doentes. Embora algumas pessoas acreditem que é preciso morrer ou renascer para serem livres, a verdade é que a morte física não é o verdadeiro caminho para a salvação. Nossa verdadeira libertação está esperando por nós aqui e agora, nesta vida e neste corpo. Tudo o que temos que fazer é encontrar coragem para falar nossa verdade e seguir nosso coração, aconteça o que acontecer.

Quando comecei minha busca pessoal pela libertação do sofrimento, alguém me deu uma placa que dizia: "A jornada de mil quilômetros começa com um passo." A viagem de volta para casa, para nosso verdadeiro eu, depois de anos perdidos tentando agradar os outros no mundo material, na família, em um relacionamento, no trabalho, em um vício ou em uma falsa imagem de nós mesmos, é, de fato, um processo. Felizmente, quando estamos enfim preparados para enfrentar nossas lutas com honestidade, não apenas nos libertamos delas mais depressa do que imaginávamos, como também evitamos mais sofrimento para nós mesmos.

Como contei, em minha busca por paz interior e felicidade, descobri que, por trás da minha mente pensante e das minhas emoções mutantes, existe um espaço infinito dentro de mim — uma quietude subjacente e unificadora — tão cheio de amor e clareza, que nenhuma palavra poderia descrevê-lo. Não tenho dúvidas de que esse espaço dentro de mim também existe em você e em cada ser humano. Esse lugar a que me refiro é tão cheio de potencial, inteligência criativa e energia vital, que palavras não chegam perto de defini-lo. Acho que o indicativo mais preciso dessa direção foi este, que encontrei um dia ao abrir um biscoito da sorte chinês:

Uma nuvem é suficiente para encobrir o sol.
— **Thomas Fuller**

Levando em consideração o quanto sofremos por causa de um único medo, um único pensamento limitante, uma única emoção desconfortável, uma única escolha dolorosa ou uma única experiência traumática, é absolutamente incrível como essa afirmação é verdadeira.

• • •

Cada dia mais me lembro de quanto a vida é frágil e preciosa. Como nossa consciência, ou energia, é imortal, sem saber sentimos que somos invencíveis ou que podemos adiar a vida, presumindo que teremos tempo mais tarde ou no futuro para seguir nosso coração, ir atrás dos nossos sonhos, cuidar melhor de nós, ou sermos completamente fiéis a nós mesmos.

Por mais fortes que sejamos, e mesmo que tenhamos superado tantas coisas para estar onde estamos hoje, nunca saberemos qual dia será nosso último. Nunca determinaram quantos anos ficaremos neste corpo. A questão então passa a ser: "Como podemos viver plenamente antes de morrer? Como podemos amar de todo o coração antes que seja tarde demais"?

Se continuarmos vivendo uma mentira, vivendo com medo, culpando os outros ou sentindo raiva, a vida vai passar e nós vamos morrer em sofrimento mental e emocional, ou com dor e cheios de arrependimento. Ou podemos falar a nossa verdade e seguir nosso coração hoje, e assim aproveitar tanto quanto possível a vida e as pessoas que amamos. Em vez de esperar um futuro que talvez nunca chegue, precisamos parar de nos machucar e nos permitir ser honestos, felizes e estar bem.

A vida afasta qualquer coisa ou pessoa de que não gostamos, então o que temos que fazer é prestar atenção aos sussurros do nosso coração em todas as situações, porque isso nos leva a nos sentir bem com nosso corpo, um corpo que é digno de nosso cuidado.

Então, em vez de viver uma vida definida por estresse, pensamentos excessivos, correria e frustração, podemos desacelerar e aproveitar cada dia, cada respiração, cada refeição, cada canto dos pássaros, cada momento ao sol, cada chuva, cada flor, cada amigo, cada beijo, cada abraço e os muitos outros prazeres da vida. Quando nosso coração está aberto e estamos realmente presentes em nossa vida, podemos concentrar nosso tempo e nossa energia em coisas que aproveitem ao máximo nosso tempo aqui. É assim que valorizamos nossa existência.

Para mim, expressar meus verdadeiros sentimentos, focar em um trabalho pelo qual sou apaixonado e fazer o que é bom para meu coração e meu corpo todos os dias é como me sinto "suficiente" em mim mesmo. Embora às vezes tenha sido muito difícil, foi assim que me senti bem o bastante, esforçado e digno de amor, felicidade, respeito e valor.

Foi assim que parei de criar mais sofrimento e de pensar que sempre tinha que ser, fazer ou ter mais; e que encontrei uma apreciação amorosa pelos milagres que todos viemos aqui para experimentar. Ajudou-me muito pensar que tudo que não foi resolvido no passado, seja ontem, mês passado ou cinco anos atrás, nos impedia de estar totalmente abertos a desfrutar tudo aquilo e todos aqueles que estão diante de nós.

Dito isso, espero que você pare de se rejeitar, de se trair e de menosprezar seus sentimentos, suas necessidades e seus desejos. Você não está aqui para sofrer em silêncio, para agradar aos outros e para fazer outras pessoas feliz. Independentemente do que os outros pensem ou digam, não há problema em ser seu verdadeiro eu, em sentir-se como se sente, em falar sobre isso e em viver cada dia bem e de uma maneira pela qual você se respeite.

Que você encontre, daqui em diante, coragem, força e amor-próprio para viver, falar e agir com verdade e bondade em todas as situações. Que você fique em paz, seja saudável, feliz e realizado. Que você fique livre do sofrimento e de suas causas hoje e sempre.

Atenciosa e calorosamente,
Blake Bauer

AGRADECIMENTOS

Gostaria de agradecer à equipe da Watkins Publishing. Sou muito grato pelo apoio para levar este livro a um número maior de pessoas em outros países, gente que está realmente buscando ajuda. Sou grato a Michael Mann, Jo Lal e Etan Ilfeld por confiarem em meu trabalho. Também agradeço a Nick Fawcett por me ajudar a dar força ao manuscrito. Gostaria de agradecer a Slav Todorov por supervisionar esta nova edição e a Francesca Corsini por projetar a capa nova. O esforço de vocês vai ajudar este livro a alcançar ainda mais pessoas ao redor do mundo.

Gostaria de agradecer à minha agente Susan Mears pelo empenho, pela persistência e pela orientação. Meu muito obrigado também à minha assessora de imprensa Gail Torr, por me ajudar a disseminar meu trabalho e garantir que ele chegue a quem possa se beneficiar dele. Gostaria de agradecer a Robert Mueller por desenhar a capa da edição anterior deste livro. Sua habilidade colaborou para a mensagem a ser transmitida e, assim, poder capacitar inúmeras pessoas.

Também gostaria de agradecer à minha mãe e ao meu pai, Abbe e Marshall, pelo apoio ao longo dos anos. Sem vocês eu não teria sido capaz de trilhar o caminho que me foi destinado, como tenho feito. Gostaria de agradecer a Maxine pelo apoio e por me ensinar tanto. Sua presença, força e amizade foram bênçãos que palavras não podem descrever. A minha linda irmã Cassandra, obrigado por seu amor e incentivo incondicionais. Você continua sendo a amiga e a inspiração mais incríveis. Obrigado por me escolher como seu irmão. Não gostaria de viver esta vida sem você. Ao meu falecido irmão Jason, obrigado por me desafiar ao longo dos anos e por me ajudar a abrir a mente para realidades que eu não sabia que existiam. Sou eternamente grato por termos sido irmãos nesta vida. O amor é lei. A vida é amor. A minha falecida avó, Sophie, obrigado por seu amor, seu cuidado e sua preocupação incondicionais. Quem sabe onde toda a nossa família estaria hoje se não tivéssemos você em nossas vidas. Ao restante da minha família, tanto de sangue quanto de alma, obrigado por estarem em minha vida e por me ensinarem tanto sobre o que é realmente importante.

Aos meus ancestrais biológicos e espirituais, obrigado por abrirem o caminho e prepararem o solo para que eu me lembrasse do que havia esquecido. A todos os meus professores ao longo dos anos, obrigado por aparecerem. A todos os meus clientes do passado, presente e futuro, obrigado por confiarem a mim a honra de testemunhar e apoiar todos vocês em sua cura e em seu despertar. Sou eternamente grato. Vocês fazem a vida valer a pena. Do fundo do meu coração, obrigado. Por último, mas não menos importante, a você, leitor, obrigado por compartilhar sua jornada comigo. É uma honra.

Primeira edição (novembro/2022)
Papel de miolo Pólen bold 70g
Tipografias Cardiff e Gotham
Gráfica LIS